イタリア全土のパスタ120品

パスタ大全

旭屋出版

果てしない種類と魅力のパスタ

　ネット上では、今、イタリアの旅行先で食べた料理、あるいはイタリアで生活する中で食べられている料理などが、たくさん紹介されるようになりました。

　イタリア料理が日本で身近な食となって久しい今日でも、まだ見たこともない料理が後から後から出てくる状況には、驚きとともにイタリア料理の魅力の奥深さをあらためて感じさせます。

　イタリア料理を象徴するパスタについても、同じことが言えます。イタリア各地には、地域の伝統に深く根づいたパスタがたくさんあります。これまでに日本でなかなか紹介されずにいたパスタ料理の数々が、ネットを通じてたくさん紹介されるようになりました。乾麺はもちろん、手打ちパスタ、さらに、ショートパスタ、ロングパスタ、詰め物パスタと、実にさまざまです。

　こうした、日本ではまだあまり知名度の高くないパスタを集めて紹介したのが本書です。東西の人気店のシェフにご登場願い、パスタそのものや、パスタのソース、食べ方などを含めて、イタリア各地に伝わるスタイルを紹介していただきました。また正統な伝統料理だけでなく、地域に根差したパスタをベースにしながら、和の素材を加えて季節感を演出したパスタも紹介していただいています。

　日本人は"麺食い"と言われるほど、パスタ好きが多いもの。これまでのパスタに食べ飽きた現代のお客も、関心を抱くような料理が満載です。

旭屋出版　編集部

パスタ大全　目次

007…シェフ＆店紹介

011…南部イタリアのパスタ

012…ネラーノ風ズッキーニのスパゲッティ
014…ナポリ風謝肉祭のラザニア
016…シャラテッリ　魚介のソース
018…シャラティエッリと鮎のジェノヴァペースト和え
020…アサリと野辺地蕪のシャラティエッリ
021…パッケリ　ワタリガニとポルチーニのトマトソース
022…潮の香りのパッケリ　ジラソーレ風
024…ワタリガニの煮込みのヴェスヴィオ
026…じゃが芋生地のラヴィオリ　ムール貝とフレッシュなヤギのチーズのソース
028…手打ちのフジッリ　仔羊とエンドウ豆の煮込み和え　卵とチーズ仕立て
030…ルチャーナ風タコの煮込みのリングイネ
031…プローヴォラチーズ入りじゃが芋とパスタの煮込み
032…根魚と甲殻類とミックスパスタのミネストラ
034…ペンネのラルディアータソース
035…スパゲットーニ　アンチョビとガルムのペペロンチーノ　レモン風味
036…チカテッリ　魚介のトマトソース
038…キタッラ　アマトリチャーナソース　マリーゴールドの香り
040…タリアッチ　野菜とサフランのラグー
042…タッコレ　ウサギのラグーと春野菜で
044…赤座エビとトマトのスパッカテッレ
045…スパッカテッレ入りミネストラ
046…トゥロッコリ　サルシッチャとチーマディラーパで
048…ラガーネ
050…コンキリエ　エビとブロッコリーのソースで
051…イワシとういきょうのオレキエッテ
052…ムール貝を入れた農園風オレキエッティ
054…オレキエッティのロザマリーナソース　白イカのグリル添え
056…カヴァテッリ　カルドンチェッリのソース
058…魚介類とフレッシュトマトのカヴァテッリ
060…カヴァテッリ　ウサギ肉のラグー
062…オリーブとなすのカヴァテッリ

064…グラノアルソのカバティエッリ　イン　パデッラ
066…ストラッシナーティ
068…ストロンカトゥーラ
070…ティンバッロ　ディ　マッケローニ
072…パスタ　ンカッシャータ
074…アネッリーニのアマトリチャーナ
076…アネッリ　マダイとコスモスのビアンコ
078…パスタ　ア　ラ　ノルマ
080…カジキマグロとなすのカサレッチェ
082…パスタ　アラ　シラクサーナ
084…スパゲッティ　アラ　シラクサーナ　イワシ仕立て
085…フレーゴラ　アッレ　アルセッレ
086…ロリギッタス　仔羊の軽い煮込み　ペコリーノ・サルドがけ
088…カジキマグロとトマトのマロレディウス
090…ニョケッティ　ブルーベリー＆ピリ辛ペコリーノチーズソース
092…娼婦風ヴェルミチェッリ

093…中部イタリアのパスタ

094…パッパルデッレ　鴨のラグー
096…パッパルデッレ　トリッパとひよこ豆のピリ辛トマト和え　パッパルデッレの器で
098…ピチ　ソーセージとクルミのソース
100…ストラッチ　イベリコ豚とポルチーニ茸のラグー
102…そば粉のタリアテッレ　ランプレドット和え
104…テスタローリー
106…かぼちゃを詰めたトルテッリ　ポルチーニ茸のトリフォラート添え
108…スパゲッティ　カレッティエッリ
109…ポルチーニ茸とホタテ貝のリゾーニ　トリュフ掛け
110…タリアテッレ　ボンゴレ　アンコーナ風
111…ブカティーニ　アッラ　アマトリチャーナ
112…仔羊の白ワイン煮込み新生姜風味ソースのトンナレッリ　カルチョフィのユダヤ風添え
115…フェットチーネ　筍のカルボナーラ　木の芽の香り
116…フェトチーネと鮎のコンフィ　ケッカソース
118…タリオリーニ　アッラ　チョチャーラ
120…パリアータ　コン　リガトーニ
122…リガトーニ　牛テールとトリッパの煮込みソース
124…ミスティカンツァのペーストとピゼリーニのスパゲッティ
125…パスタ　エ　チェーチ

126…じゃが芋とチーズを詰めたメッツァルーナ　えんどう豆のソースと空豆
128…リコッタとほうれん草のラヴィオリ
130…パサテッリ　イン　ブロード　ディ　ペッシェ
132…ウンブリケッリ
134…ウンブリチェッリ　黒トリュフがけ

135…北部イタリアのパスタ

136…ティヤリン　熊本産無農薬レモンをからめて
138…ティヤリン　ウサギの白ワイン煮込み和え　セロリの香り
140…タリアテッレ　ディ　メリガ　アル　スーゴ　ディ　ストラフリット
142…和牛肉を詰めたラビオリ"プリン"トリュフのクリームソース
144…アニョロッティ　カナヴェザーニ
146…小さなラザーニャ　牛スネ肉赤ワイン煮込み　パルミジャーノの黄金ソース
148…ラザニエッタ　フレッシュポルチーニソースで
150…カネロニ
152…そば粉のニョッキ　秋の野菜ソース　ロビオラ風
153…タリアテッレ　ミラノ風　黄金のソースで
154…ラヴィオーロ　幻のチーズ カステルマーニョとヘーゼルナッツで
156…ピッツォッケリ　ヴァルテリーナ風
158…カゾンセイ
160…そば粉のスペッツレ　カキと雪下あさつきのソース
162…ビーツを詰めたライ麦のボルセッリ　くるみバターソース
164…シュルツクラプフェン
166…ウリ坊のジランドラ
168…チャロンチェ
169…ストランゴラプレティ
170…カネーデルリ　イン　ブロード
171…緑のカネーデルリ
172…ポルチーニのカネーデルリ
173…カネーデルリ　プレサーティ
174…カソンセイ
176…ビーゴリ　うずらとアーティチョークのラグー　黒オリーブ風味
178…ビゴリ　蝦夷鹿と丹波黒枝豆のバローロワイン煮込み和え
180…イカ墨のタリオリーニ　生イカの細切りのせ
182…マッケロンチーニ　仔羊とイチヂクの軽いラグー
184…ブレックス　松茸とサンマのソース
186…パリア　エ　フィエーノ

188…モデナ風スパゲッティ
190…ガルガネッリ
192…甘鯛のラサ
194…マルタリアーティ　猪のラグー
196…白いんげん豆のスープ　マルタリアーティ添え
197…鱈のミルク煮で和えたマルタリアーティ　その白子を添えて　白トリュフ風味
198…全粒粉のストロッツァプレティ　夏野菜ソース　アンチョビ風味
200…トルテッリ　スッラストラ
202…ホロホロ鳥のファゴッティーニ　燻製リコッタチーズのソース
204…仔牛を詰めたトルテローネ　ゴルゴンゾーラソース
206…猪のトルテッリーニ　ごぼうのスープ
208…玉ねぎのスープに浮かべた　生ハムとマスカルポーネのラビオローネ
210…チーズ詰めポレンタ生地のラビオリ　トウモロコシバターソース
212…肉を詰めたトルテローニ　サルビアバター
213…ブロッコリーと釜揚げシラスのジリ　カラスミがけ
214…焼きなすとプロボローネのラビオリ　フレッシュトマトのアーリオオーリオソース
216…コルツェティ　魚介類とカルチョーフィのフリット添え
218…コルツェッティの茸ラグーソースと川俣シャモ
220…パンソッティ
222…トロフィエ　ペスト・ジェヴェベーゼ

● 番外編
224…冷製トマトのカペッリーニ

225…パスタ大全　索引
　　パスタの形状別
　　パスタの種類別
　　取材店別

232…奥付

〈本書をお読みになる前に〉
● お店の情報は、2017年1月6日現在のものです。
● 手打ちパスタで表示した水分の量は、粉自体の水分量や湿気などで変化しますので、その時々の状態に合わせて調整してください。
● E.X.V. オリーブオイルは、エクストラ・ヴァージン・オリーブオイルの略です。
● バターは、基本的に食塩不使用のものを使用しています。
● パスタを茹でる湯は、断り書きがない場合は1％の塩を加えています。

シェフ＆店紹介

Introduzione di Chef & Ristorante

クチーナ ヒラタ
CUCINA Hirata

シェフ＊町田武十　Takejyu Machida

1977年長野県生まれ。大阪あべの辻調理師専門学校を卒業後、1998年に『クチーナ ヒラタ』に入店する。2010年5月に、亡き先代・平田勝シェフから同店を受け継ぎ、オーナーシェフに就任。オーナーマダム・寺田晴さんとともに、先代の味を守り続ける。

- 住所／東京都港区麻布十番 2-13-10 エンドウビル3階　● TEL ／ 03-3457-0094
- 営業時間／ 12:00～15:00（L.O.14:00）、18:00～24:00（L.O.22:30）
- 定休日／日曜日、月曜日のランチ、祝日の月曜日

ダ オルモ
DA OLMO

代表＊北村征博　Yukihiro Kitamura

都内のリストランテでの修業後に渡伊。ロンバルディアやエミリア＝ロマーニャ、トレンティーノ＝アルト・アディジェなど北イタリアで計3年間修業。帰国後は都内のイタリア料理店でシェフを勤め、2012年にサービス担当の原品真一氏と共に、『ダ・オルモ』を開業。

- 住所／東京都港区虎ノ門 5-3-9　ゼルコーバ5 101　● TEL ／ 03-6432-4073
- HP／http://www.da-olmo.com/　● 営業時間／ 11:30～14:00、18:00～23:00
- 定休日／日曜日、祝祭日、月曜日・土曜日のランチ

トム クリオーザ
La casa
TOM Curiosa
オーナーシェフ＊浅井 努 Tsutomu Asai

大阪の人気イタリアン「ポンテベッキオ」で修業後、「本場でこれまで学んだ技術の答え合わせがしてみたい」と渡伊。フランス、タイ、マレーシアをまわり、帰国後、「ポンテベッキオ」に再就職し通算15年勤め、2013年9月の独立開業。同店をオープンさせた。

- 住所／大阪府大阪市北区堂島1-2-15 浜村サンプラザビル2階　TEL／06-6347-5366
- HP／http://www.tom-criosa.com　● 営業時間／18:00～24:00 (L.O.23:00)
- 定休日／日曜日、祝日、不定休

オ ジラソーレ
OSTERIA
O'GIRASOLE
オーナーシェフ＊杉原一禎 Kazuyoshi Sugihara

辻調理師専門学校卒業。西宮「ペペ」で修業後、愛媛の養豚場を経て渡伊。ナポリ「カンティーナ・ディ・トゥリウンフォ」、ソレント「トッレ・デル・サラチーノ」や、市内の製菓店で修業。2002年に帰国し、『ジラソーレ』をオープン。14年に現在の場所に移転。

- 住所／兵庫県芦屋市宮塚町15-6　● TEL／0797-35-0847　● HP／http://www.o-girasole.com
- 営業時間／11:30～14:00L.O.、18:00～21:00L.O.　● 定休日／月曜日

プレゼンテ スギ
PRESENTE Sugi
シェフ＊杉岡憲敏　Noritoshi Sugioka

調理師学校を卒業後、地元の繁盛店「カステッロ」にて修業。その後、イタリア料理店のシェフや店の立ち上げなどを手伝い、「イル・ピッチョーネ」を経て2016年2月に独立。伝統料理をベースにし、季節の地の野菜などを使った料理で人気を集める。

- 住所／千葉県佐倉市白銀2-3-6　● TEL／043-371-1069
- 営業時間／11:30～15:00 (L.O.13:00)、18:00～22:30 (L.O.21:00)　● 定休日／月曜日

カ・デル ヴィアーレ
RISTORANTE
Ca'del Viale
オーナーシェフ＊渡辺武将 Takemasa Watanabe

京都、東京の有名店で修業し28歳で独立。カウンターだけのレストラン、バル、ピッツェリアを次々オープンさせ、2009年念願の一軒家レストラン『カ・デル ヴィアーレ』を開業。年に1度は必ずイタリアを訪問し、本場で受けた刺激を新作メニューに落とし込む。

- 住所／京都府京都市中京区西ノ京千本三条西北　● TEL／075-812-2366
- HP／http://www.watanabechef.com/
- 営業時間／11:30～14:00L.O.、18:00～21:30L.O.　● 定休日／月曜日

ソーニ ディ ソーニ
RISTORANTE ITALIANO SOGNI di SOGNI
総料理長＊米田裕道　Hiromichi Yoneda

1984年辻学園TEC調理技術専門学校卒業。イタリア料理店で修業後、1986年にイタリアに渡り、ローマの名店で修業。「ボンネノベッレ」「バセット」ではシェフを務める。帰国後、1997年より『リストランテ・イタリアーノ ソーニ・ディ・ソーニ』総料理長に就任。

- ●住所／大阪府大阪市中央区心斎橋筋2-1-6 地下1階　●TEL／06-4708-1635
- ●HP／http://www.nobuta123.co.jp/
- ●営業時間／11:30〜15:00（L.O.14:00）、17:00〜23:00（L.O.22:00）　●定休日／年末年始

ラ ターナ ディ バッコ
RISTORANTE La tana di Bacco
シェフ＊直井一寛　Kazuhiro Naoi

1976年栃木県生まれ。専門学校を卒業後、レストラン「キャンティ」に入社。西麻布店、六本木店、本店で計10年ほど修業。2005年『ラ・ターナ・ディ・バッコ』にオープニングスタッフとして入社。2007年より料理長に就任。日本イタリア料理協会実行委員を勤める。

- ●住所／東京都港区虎ノ門5-11-2 オランダヒルズ森タワープラザ1階　●TEL／03-5405-1181
- ●HP／http://www.bacco.jp　●営業時間／11:30〜14:00、18:00〜22:00　●定休日／日曜日、祝日

セント ベーネ
Sento Bene
オーナーシェフ＊加藤政行　Masayuki Kato

84年代官山「アントニオ」に入社。その後関西のイタリア料理店に入り、95年にはイタリアに渡ってローマのリストランテで修業。帰国後は銀座「ベットラ・ダ・オチアイ」、青山「アカーチェ」セコンドシェフに就任。2011年『セントベーネ』を開業。

- ●住所／東京都渋谷区神宮前3-1-28 BELL TOWN青山2階　●TEL／03-5775-5911
- ●HP／http://www.sento-bene.com
- ●営業時間／11:30〜15:00（L.O.14:30）、18:00〜23:00（L.O.22:00）　●定休日／日曜日夜不定休

タヴェルナ アイ
Taverna I 不動前店
シェフ＊渡邊宏也　Hiroya Watanabe

高校卒業後、㈱上野精養軒に入社。フランス料理店、イタリア料理店で調理修業を積み、「イルピッチョーネ」で、今井寿氏に師事する。その後、フランス料理店、イタリア料理店でシェフを歴任し、2016年『タベルナ・アイ不動前店』シェフに就任。

- ●住所／東京都品川区西五反田5-9-5 アーバンヒルズ不動前地下1階
- ●TEL／03-6417-0350　●HP／http://www.taverna-i.com/
- ●営業時間／11:30〜14:30L.O.、18:00〜21:30（土曜日・祝日は12:00〜21:30L.O.）
- ●定休日／日曜日（祝日の場合は翌日に振り替え）

タヴェルナ アイ
Taverna I 本店

オーナーシェフ＊（左）
今井 寿　Hisashi Imai

シェフ＊（右）飯出晃一　Kouichi Iide

浅草ビューホテル「リストランテ・ラ・ベリタ」に入社後、坂井宏行氏のイタリア料理店「リストランテ・ドンタリアン」でシェフに就任、「イル・ピッチョーネ」「オステリア・ラ・ピリカ」総料理長などを経て、2013年に独立し、『タベルナ・アイ』を開業。アルトゥージ司厨士協会日本支部副会長、イタリアプロフェッショナル協会認定マエストーロ。

1973年東京生まれ。97年「リストランテ ラ・ヴィータ」入社。2004年「リストランテ ラ・ポルタ・フェリーチェ」、2010年「フェリーチェ・ヴィータ」にてそれぞれシェフとなる。2014年『タベルナ・アイ本店』シェフに就任。地方色豊かなイタリア料理を提供する。

- 住所／東京都文京区関口 3-18-4
- TEL／03-6912-0780
- HP／http://www.taverna-i.com/
- 営業時間／11:30〜14:00L.O、17:30〜21:30 L.O（土曜日・日曜日・祝日は12:00〜21:30L.O.）
- 定休日／火曜日（祝日の場合は翌日に振り替え）

アズーリ
Trattoria Azzurri

総料理長＊新妻直也　Naoya Niizuma

国際調理師専門学校卒業後に、ホテルでフランス料理を学び、ノースコーポレーションに入社後、都内のイタリア料理店で修業、ピエモンテ州での研修を経て『アズーリ』総料理長に就任。埼玉県産の野菜など、地元食材を積極的に使った料理を提案する。

- 住所／埼玉県さいたま市南区別所 7-1-16
- TEL／048-710-5300
- HP／http://www.north.co.jp/
- 営業時間／11:30〜15:00 (L.O.14:00)、18:00〜23:00 (L.O.22:00。土曜日は17:00〜。日曜日は17:00〜22:00、L.O.21:00)
- 定休日／無休

トマティカ
Trattoria Tomatica

オーナーシェフ＊
スペルティーノ ファビオ　Spertino Fabio

落ち着いた一軒家レストラン。店主は1971年、イタリア・ピエモンテ州ニッツァモンフェラート生まれ。バルベーラのブドウ畑の丘に囲まれた自然豊かな環境で伸び伸び育つ。20歳から料理の仕事に就き、来日して15年。店ではイタリア料理教室も開催している。

- 住所／東京都渋谷区恵比寿南 2-17-5
- TEL／03-6315-6508
- HP／http://www.tomatica.jp
- 営業時間／18:00〜21:30L.O.
- 定休日／日曜日、水曜日

ヴィノ ヒラタ
Vino Hirata

オーナーシェフ＊仁保州博　Kunihiro Niho

学生時代に訪れたイタリアで料理に魅かれ、料理の世界へ。調理師専門学校卒業後に都内イタリア料理店にて修業。1998年には『ヴィノ・ヒラタ』に入店し、歴代料理長の元で修業を積み、2009年、同店の料理長を経て2010年5月、同店のオーナーシェフに就任。

- 住所／東京都港区麻布十番 2-13-10　エンドウビル2階
- TEL／03-3456-4744
- 営業時間／18:00〜26:00 (L.O.25:00)
- 定休日／日曜日、祝日の月曜日

Chapter 1
南部イタリアの パスタ

Sud

ネラーノ風ズッキーニのスパゲッティ

カンパニア CAMPAGNIA

杉原一禎

ナポリから見ると、ソレント半島の外側の先端近くに位置する、ネラーノ村に伝わるズッキーニを使ったシンプルなパスタです。このパスタを美味しく作るコツは2つ。ズッキーニの揚げ方と、具材の味のつけ方です。ズッキーニは、日本のものは苦みが後を引くので、できればイタリア品種のロマネスコ種を使います。輪切りにしたズッキーニは、さっと水洗いして軽く拭き、そのまま油で揚げます。水けをあまり拭き取らないのは、表面に水分がついていると油を弾き、中に入らないからです。そのまま香ばしく揚げると、中はとろけるようにやわらかく仕上がります。また揚げ油にはズッキーニの香りが出ていますので、これも利用します。揚げたてのズッキーニににんにく、ケッパー、バジリコなどを加えたら、揚げ油をかけて、混ぜずにそのまましばらく置きます。こうすると冷めたとき、それぞれの香りが際立ち、美味しく仕上がります。一度にたくさん作った方が美味しいのですが、少量で作る場合は、ほんの少しラードを足すといいでしょう。

材料（約2人分）
スパゲッティ…140g

ズッキーニ…2本（できればロマネスコ種。皮の色が濃すぎず、固くないもの）
にんにく（みじん切り）…少々
ケッパー（みじん切り）…少々
バジリコ（みじん切り）…少々
パルミジャーノ（すりおろし）…適量

揚げ油…適量
塩・胡椒…各適量
パルミジャーノ（すりおろし。仕上げ用）…適量
バジリコ（仕上げ用）…適量

作り方
1. ズッキーニは、イタリア品種のロマネスコ種を使う。【写A】
2. ズッキーニは輪切りにし、流水でさっと洗って大まかに水けをきる。【写B】
3. 170℃に熱した揚げ油にズッキーニを入れ、こんがりと素揚げする。【写C】
4. きれいなきつね色になったら、軽く油をきってボールに入れ、熱いうちに塩をし、にんにく、ケッパー、バジリコを加え、パルミジャーノをふりかける。
5. 仕上げに熱い揚げ油を少量回しかけたら、そのまま少し置いて、味を馴染ませる。【写D】
6. 沸騰した湯でスパゲッティをボイルする。
7. アルデンテに茹であがったら、引き上げて湯きりし、4のボールに入れる。
8. もう一度パルミジャーノ、バジリコを加え、茹で汁を少し加えながら乳化するように和える。途中、胡椒を加える。【写E】
9. 器に盛りつけ、バジリコを飾る。好みでパルミジャーノをふりかける。

カンパニア
CAMPAGNIA

ナポリ風謝肉祭のラザニア

杉原一禎

2月に盛大に行われるカルネヴァーレ（謝肉祭）に、ナポリでは形を変えたいろいろなラザニア（パスタ・アル・フォルノ）を食べる習慣があります。ボローニャ、マルケと並んで、ナポリのこの料理はイタリア3大ラザニアといっていいでしょう。手間も時間もかかる贅沢なこの料理は、また各種フェスタや結婚式などでも出される、特別な料理なのです。ポイントは、ミートボールやサルシッチャなど、塩分の強い肉を不規則に入れること。この塩けが、味のアクセントになります。そしてラグーをけちらないこと。またナポリのラザニアの特徴は、ベシャメルではなくリコッタを使う点。カルネヴァーレの時期は高級店でもセコンドは出されず、ラザニアが出されて1人で2個3個とお腹一杯食べます。ベシャメルでは1個で飽きてしまうので、リコッタが使われるのです。

材料 8人分
パスタ生地（下記参照）…180g

ナポリ風ラグーソース（下記参照）…500g
ミートボール（下記参照）…120g
モッツァレッラ…70g
リコッタ…250g
全卵…1個
バジリコ…5〜6枚
パルミジャーノ（すりおろし）…適量
サルシッチャ（グリルしたもの）…120g
バター…適量
パン粉…適量

パルミジャーノ（すりおろし）…適量

作り方
1. パスタの詰め物を用意する。リコッタはボールに入れ、パスタの茹で汁を少し加えてなめらかにしたら、ラグーの肉の塊を小さくほぐしたもの適量と、ラグーのソースを加えロゼ色のペーストにしておく。
2. サルシッチャを刻んでおく。モッツァレラは1cmくらいの角切りにしておく。
3. 型に詰める。大型のグラタン皿にバターをぬり、パン粉をまぶす。
4. 沸騰した湯にパスタ生地を入れ、さっと茹でる。すぐに取り出して冷水に落とし、水けを拭き取る。
5. グラタン皿の底にラグーを少し流し、パスタを1枚しく。
6. パルミジャーノ、1のリコッタクリームの約半量、ミートボールの約半量、2のモッツァレラの約半量、バジリコをしき詰め、その上にラグーをかける。もう一度パスタからラグーまで同じ手順で材料を乗せ、3枚目のパスタをかぶせる。
7. 最後の段は、パルミジャーノとラグーだけのせ、ラグーの上に薄くパン粉をまぶす。
8. 上に薄いバター片をいくつかのせ、220℃のオーブンで40分ほど焼く。
9. 少し温度が落ち着いてからカットし、皿に盛る。パルミジャーノをふる。

※ナポリ風ラグーソース

材料（仕込み量）
牛、または豚肉の塊肉…1kg
にんにく…3個
玉ねぎ（みじん切り）…1個
赤ワイン…150cc
トマト（裏漉ししたもの）…3kg
ローリエ…2枚
E.X.V.オリーブオイル…200cc
粗塩…適量
豚の皮（10cm×15cm）…2枚
松の実…ひと掴み
レーズン…ひと掴み
ペコリーノ・ロマーノ（角切り）…少々
にんにく（豚皮用。みじん切り）…1/2個
イタリアンパセリ（みじん切り）…適量

作り方
1. ナポリ風ラグーを作る。寸胴にオリーブオイルと潰したにんにくを入れて火にかける。
2. にんにくに軽く色がついたら、タコ糸で縛った肉の塊を加える。弱火で肉の表面を色づけないように全面焼く。
3. 玉ねぎを加え、肉に野菜の水分をまとわせながら蒸し焼きのイメージで焼いていく。
4. 玉ねぎに火が通ったら赤ワインを加え、アルコール分を飛ばして裏漉しトマトを加え、ローリエを数枚加える。
5. 豚皮は、内側の余分な脂をこそぎ取り、松の実、レーズン、ペコリーノ、にんにく少々、イタリアンパセリをのせて巻き込み、タコ糸で縛る。
6. 4の鍋が沸騰したら、5の豚皮を加え、粗塩を少し加え下味をつけ、そのまま焦げつかないように7〜10時間煮込む。

※ミートボール

材料（作りやすい量）
牛挽き肉…100g
パンの白い部分…50g　牛乳…適量
パルミジャーノ（すりおろし）…10g
全卵…1個　バジリコ（刻んだもの）…少々
塩・胡椒…各適量　パン粉…適量
オリーブオイル…適量

作り方
1. パンの白い部分は牛乳に浸してやわらかくし、余分な牛乳を絞る。
2. 挽き肉をボールに入れ、塩、胡椒し、その他の材料も加える。特にパンと挽き肉がきれいに混ざるように、混ぜ合わせる。
3. 1cmほどの小さなミートボールに成形して、表面に薄くパン粉をまぶす。
4. 表面をこんがりフライパンで揚げ焼きにする。焼けたら油をきる。

※パスタ生地

材料（作りやすい量）
00粉（イタリア軟質小麦粉）…400g
全卵…4個　E.X.V.オリーブオイル…15cc　塩…少々

作り方
1. ボールに分量の粉、卵、オイル、塩を加えよく練る。
2. 生地が均一になり、ほどよい弾力に練り上がったら、ビニール袋に入れて冷蔵庫で2〜3時間休ませる。
3. 2の生地はパスタマシンで薄くのばし、グラタン皿の大きさに合わせて切る。3枚用意する。

シャラテッリ 魚介のソース

仁保州博

カンパニア・アマルフィが発祥で、きしめんのような食感のパスタです。幅は8mm前後、厚さは2〜2.5mmと、形状もだいたい決まっています。牛乳、ペコリーノ、バジリコを練り込むのが特徴で、パスタ自体にも風味があります。このパスタは厚みがありますので、茹で上げたパスタをフライパンに入れたら、ソースを染み込ませるように調理するのがポイント。地域的にも魚介が豊富なので、この料理では魚介のうま味を活かすため、だしの出る魚介をたっぷりと使いたいものです。アレンジとしては、トマト系ソースで和えてもいいでしょう。

材料 2人分
シャラテッリ（下記参照）…100g

ムール貝…80g
新イカ…50g
車エビ…3本
白身魚…50g
ミニトマト…7個
にんにく（半割り）…1片分
貝のだし…適量
白ワイン…適量
水…適量
E.X.V. オリーブオイル…適量
塩…適量
イタリアンパセリ（みじん切り）…適量

作り方
1. ミニトマトは、1/4にカットしておく。
2. 車エビは半割りにし、白身魚とともに軽く塩をしておく。
3. ムール貝は、少量の白ワインと水とともに鍋に加熱して、口が開いたら火からおろして取り出す。煮汁は取っておく。
4. 沸騰した湯で、シャラテッリをボイルする。
5. フライパンににんにくとオイルを入れて火にかけ、香りを移したら、にんにくを取り出す。
6. 3のムール貝と茹で汁を入れ、茹で上がったシャラテッリを、湯きりして入れる。
7. 2と残りの魚介類、1のミニトマトも加えたら、魚介に火を通しながらシャラテッリに魚介のうま味を染み込ませる。
8. 味を調え、仕上げにイタリアンパセリ、オリーブオイルを加えて馴染ませ、器に盛る。

※シャラテッリ

材料 仕込み量
00粉…300g
卵…中1個
牛乳…10cc
バジリコ（みじん切り）…4〜5枚分
ペコリーノ・ロマーノ（すりおろし）…8g
塩…適量
E.X.V. オリーブオイル…適量

作り方
1. 00粉と塩、ペコリーノをよく合わせたら、卵と牛乳、オリーブオイルを加えて混ぜ合わせる。
2. 粉けがなくなったら、バジリコを加えてよく練る。
3. 生地がまとまったら、ラップに包んで1〜2時間休ませる。
4. 取り出して再度こね、パスタマシンで2〜2.5mm厚さにのばし、8mm幅にカットする。

カンパニア
CAMPANIA

シャラティエッリと鮎のジェノヴァペースト和え

直井一寛

シャラティエッリは非常に個性的で、水分は牛乳を使います。また刻んだバジリコを入れるのも一般的。真っ白なパスタに、緑のバジリコが映えて非常にきれいです。粉は通常は00粉で作るところを、もちっとさせるために薄力粉にすることもあります。練りすぎると硬くなってしまうので、あまり練らず、生地は寝かせることもしません。海岸線の町のパスタらしく、魚介のソースを合わせることが圧倒的に多いので、オリジナルとして日本の夏を代表する魚の鮎を組み合わせ、さらに「鮎には蓼」のイメージからジェノヴェーゼを合わせました。

材料 2人分
シャラティエッリ（下記参照）…120g

鮎…1.5尾
男爵芋…40g
松の実…6g

にんにく（みじん切り）…8g
オリーブオイル…適量
カツオだし汁…適量

ペスト・ジェノヴェーゼ（右記参照）…適量

作り方
1. 鮎は、三枚におろして塩をし、30分たったら出てきた余分な水分をキッチンペーパーで拭き取る。
2. 1を網の上にのせて皮目をガスバーナーで炙り、香ばしさを出しておく。
3. 男爵芋は、皮をむいて蒸し器で蒸し、1cmほどのバトン切りにしておく。
4. 沸騰した湯で、シャラティエッリをボイルする。
5. フライパンに、にんにくとオリーブオイルを入れて、火にかける。
6. 香りが出てきたら、カツオだし汁、2の鮎、3の男爵芋、松の実を入れ、鮎に火が入るくらい煮る。
7. 4のシャラティエッリが茹で上がったら6に入れ、パスタの茹で汁を入れ混ぜ合わせる。味が足りないときは、アンチョビ（分量外）を足す。
8. 仕上げに、火を消してペスト・ジェノヴェーゼを入れ、手早く混ぜ合わせる。
9. 皿に盛りつけ、バジリコを飾る。

※ペスト・ジェノヴェーゼ

材料 仕込み量
バジリコ…45g
パセリ…30g
EXVオリーブオイル…100g
にんにく…3g
松の実…10g
アンチョビ…10g

作り方
1. バジリコは、葉を茎から外しておく。
2. 1の葉と残りの材料を全部ミキサーに入れて、ペーストになるまで回す。

※シャラティエッリ

材料 仕込み量
硬質小麦…400g　牛乳…200g　バジリコ…適量
パルミジャーノ（すりおろし）…20g
塩…適量　オリーブオイル…適量

作り方
1. 硬質小麦をふるいにかけ、パルミジャーノ、塩と混ぜておく。
2. 牛乳とオリーブオイルを全体に均一に混ぜ合わせ、軽くまとめる。
3. 軽く練り上げてボールに入れ、乾燥しないようにラップをして、常温に約20分置いて寝かせる。
4. 3を取り出し、生地が馴染んできているので表面が滑らかになる様に練り上げて、真空機にかけ、冷蔵庫で2時間寝かせる。【写a】
5. 4を取り出し、パスタマシンで3〜4mm厚さにのばす。【写b】
6. 5を包丁で12〜15cm長さにし、5mm幅にカットする。【写c】

カンパニア
CAMPAGNIA

アサリと野辺地蕪のシャラティエッリ

直井一寛

シャラティエッリを使い、アサリと野辺地蕪を組み合わせたバージョンです。極太のシャラティエッリは、濃厚なだしが出る貝類とも合わせて使われます。通常、ムール貝などが多いところを、ここではアサリを選びました。私は、アサリは店でむき身にして使っています。殻つきのままだと、中から塩分が出すぎて味がブレやすいからです。むき身だとギリギリの火入れができますし、食べるとき手を汚すこともありません。野菜は野辺地蕪。青森・野辺地町特産の小蕪で、葉つきで皮がやわらかく、捨てるところがない美味しい蕪です。

材料 2人分
シャラティエッリ（19ページ参照）…120g

アサリ…240g
野辺地蕪…2個
にんにく…1片
唐辛子…1本
カツオだし汁…適量
オリーブオイル…適量

作り方
1. アサリは、生のまま1つ1つ殻から身を外しておく。
2. 野辺地蕪は、皮をむいて食べやすい大きさに切り揃えておく。皮は柔らかいので、せん切りにしておく。葉の部分は、柔らかそうなところを小口切りにしておく。
3. 沸騰した湯で、シャラティエッリをボイルする。
4. フライパンに、つぶしたにんにく、オリーブオイル、唐辛子を入れて火にかける。
5. にんにくの香りがオイルに移ったら、1のアサリの身、2の蕪の皮と葉を入れ、アサリに火が入り過ぎないように火を入れる。
6. 3のシャラティエッリが茹で上がったら、2の蕪とともに5に入れる。シャラティエッリにアサリの汁を吸わせるように詰めたら、火を消してE.X.V.オリーブオイルふり入れ、乳化させ、皿に盛りつける。

パッケリ
ワタリガニとポルチーニのトマトソース

杉岡憲敏

さまざまな種類の乾麺があるカンパニア州。中でも、筒状の大型パスタ・パッケリといえば、ナポリが有名です。漁師町のナポリは、海はもちろん、山にも迫っており、モンテマーレという、山のものと海のものを合わせた料理があります。そこでパッケリの町らしく、ソースに海と山のものを使って合わせました。秋冬のパスタとして、海の素材は旬のワタリガニを、山の素材はポルチーニを使いました。ワタリガニのパスタとしては、従来はトマトに生クリームを合わせることが多いところを、異なる個性で魅力を高めました。なお、パッケリは、食感がしっかりしていて足感があり、のびにくいので、コース料理にも使いやすいパスタです。

材料
パッケリ…3個

ポルチーニ茸…20g　ワタリガニ…80g　白ワイン…20cc
生トマト…40g　トマトソース…30cc
野菜のブロード…適量　ホンビノス貝のだし…適量
にんにくオイル…10cc　E.X.V. オリーブオイル…適量

イタリアンパセリ（みじん切り）…適量　ルッコラ…適量

作り方
1. 沸騰した湯で、パッケリをボイルする。
2. フライパンににんにくオイルを熱し、ポルチーニをソテーする。
3. ワタリガニを入れ、色が変わったら白ワインを入れ、アルコールを飛ばす。
4. トマトソースとブロード、ホンビノス貝の煮汁を入れて、軽く馴染ませる。
5. パスタが茹で上がったら、水けをきって4に加え、さらに4分〜5分煮る。
6. ソースをある程度煮詰めたら、生トマトとパセリを入れ、塩で味を調え、オリーブオイルでつなげる。
7. 皿に盛りつけ、ルッコラを添え、イタリアンパセリをふる。

潮の香りのパッケリ ジラソーレ風

杉原一禎

ナポリの代表的なパスタ・パッケリは、乾麺を使うことが一般的なパスタです。しかし日本人にはイタリアのサイズは大きすぎるのか、パッケリをナイフでカットして食べる人が多く見られます。パッケリは穴開きパスタですが、茹でたときには穴は閉じていて、本来は二枚のパスタが重なった食感を楽しむパスタ。それをカットしてしまっては、本来の味わいが楽しめません。そこで私は、パッケリは手打ちにしています。ソースは、イカとサザエで海の香りの中で、他の魚介に火を通す『ジラソーレ』のスペシャリテです。パスタをソースと合わせる工程中に、魚介の身を加熱し、盛りつけをした際に魚介にちょうど良い具合に火が通るようにするのがポイント。絶妙に火が通った魚介のうま味で、パッケリを楽しませます。

材料 1人分
パッケリ（下記参照）…9個

針イカのゲソ（みじん切り）…5g
針イカの胴（ごく薄い細切り）…7g
サザエ…10g　ウニ…10g　カキ…2個
にんにく…1片　タカノツメ…少々
E.X.V. オリーブオイル…20g
ブロード・ディ・ペッシェ…150g
塩・胡椒…各適量

ボッタルガ…適量　イタリアンパセリ…適量

作り方
1. サザエは殻ごと水洗いしたあと、鍋にサザエとひたひたの水を加えて蒸し煮にする。完全に火を入れる。
2. 1は身を殻から外し、クチバシとワタを取り除き、スライスしておく。蒸し汁は取っておく。
3. カキは殻から外し、貝柱を取り除き、角切りにする。
4. フライパンににんにくとタカノツメとオリーブオイルを入れ炒める。香りが出たらゲソのみじん切りとイタリアンパセリを加え軽く塩と胡椒をする。【写A】
5. ブロード、3のサザエの蒸し汁、サザエを加え、ひと煮立ちさせる。【写B】
6. 沸騰した湯でパッケリをボイルし、茹で上がったら5のソースに加えて和え始める。【写C】
7. 4のカキの身、ウニ、針イカの順で魚介を加え、パスタとソースが全体にからんだたときに、すべての素材にちょうど火が入るように調節する。【写D】
8. 仕上げに生のオリーブオイルを少量かけ、皿に盛る。ボッタルガをたっぷりかける。イタリアンパセリをちらす。

※パッケリ

材料
セモリナ粉…2
ぬるま湯…1

作り方
1. セモリナとぬるま湯は、2:1の割合でボールでこね、生地がまとまったら台に出し、表面がしっとりとなめらかになるまでこねる。こねすぎないよう注意する。【写a】
2. 麺棒、またはパスタマシンで生地をのばし、3cm弱の幅の帯状に切ったあと、筒に巻きつけ、端を圧して留め、成形する。【写b】

ワタリガニの煮込みのヴェスヴィオ

杉原一禎

ヴェスヴィオは、この15年くらいで登場した、比較的新しい形状のパスタ。ナポリ湾にそびえる、ヴェスヴィオ火山をモチーフにしています。ナポリの人たちは、私たちが思っている以上にヴェスヴィオ火山に愛着を持っていて、まるで日本人にとっての富士山のような存在といっていいでしょう。その特徴的なパスタを使ったこの料理には、ワタリガニを合わせました。ワタリガニとパスタでは、甲羅を添え、足を丸ごとソースで煮て見た目に豪華さを出すことが多いのですが、食べにくいのが難点。見た目はシンプルでも、食べやすさを考えて見た目以上に手間を掛けています。ソースの中で、カニのナチュラルな味わいが感じられるよう、身は大き目に取り分けて残すようにします。

材料 2人分
ヴェスヴィオ…120g

ワタリガニ…1杯（500g）
E.X.V. オリーブオイル…80g
にんにく（潰したもの）…2個
タカノツメ…少々
ブランデー…少々
塩・胡椒…各適量
生のプチトマト…6粒

イタリアンパセリ（粗みじん切り）…少々

作り方

1. ワタリガニを掃除する。水洗いしたワタリガニは脚とハサミを切り落とす。褌をはずし、殻を手で開く。エラを取り除き、味噌を取りよける。
2. 鍋にオリーブオイル、タカノツメ、にんにくを入れて火にかける。にんにくが反応し出したら、1の切り落としたカニの脚と、ハサミ、胴体を加える。ソテーしながら塩、胡椒をする。
3. カニの香ばしい香りを引き出しながら、両面焼く。火が出ないように、火から外してからブランデーを加える。蓋をして少し蒸し焼きにする。
4. 3から、胴体とハサミを取り出し、鍋のオイルを8割ほど別の容器に取りよける。残ったオイルと脚に水を加え、15分ほど煮出したら、シノワで漉してだしとする。
5. 4のカニのだし半分を取り出して一度火にかけ、沸騰したら、1で取りよけていたカニの味噌を加える。再沸騰したら火を止め、ミキサーにかける。
6. 4で取り出したカニの胴体とハサミは、割って身を取り出す。あまりフレーク状にならないように気をつけて取り出す。
7. 別鍋に、4で取り出したカニの風味が移ったオイルを入れ、そこに縦半分に割ったプチトマトを加え炒める。
8. トマトに火が入ったら、4のカニのだし、5のカニ味噌のだしを加え、少し煮詰める。
9. ヴェスヴィオは、1%の塩を加えた湯で茹でる。
10. アルデンテになったら、湯きりして7のソースに加える。和えながら、6でほぐしたカニの身を加える。
11. 器に盛りつけ、イタリアンパセリをちらす。

じゃが芋生地のラヴィオリ　ムール貝とフレッシュなヤギのチーズのソース

杉原一禎

ラヴィオリというと北の料理のイメージですが、南部でも食べます。ここではじゃが芋のニョッキの生地でラヴィオリにしました。ポイントは練らないこと。練るとじゃが芋から水分が出て、粉がいくらでも入ってしまい、仕上がりが硬くなるからです。それは避けたいので、できるだけ練らないように混ぜ合わせます。特に台に出したら、押さえる感じでまとめます。くっつきやすいので、スピードも大事。ムール貝にリコッタをたくさんかけて食べる料理がありますので、それをラヴィオリに応用して、詰め物にリコッタを、ソースにムール貝を使いました。ムール貝を蒸すときは、私はワインは使いません。ワインの酸味が気になるので、水を使って蒸し、ソースにラヴィオリをからめて仕上げます。

材料 1人分
じゃが芋生地のラヴィオリ（下記参照）…8個

ムール貝…6個
プチトマト…1〜2個
E.X.V. オリーブオイル…20cc
にんにく…1片
タイム…少々
イタリアンパセリ…適量

ヤギのフロマージュブラン…小さじ1
ペコリーノ・サラチーノ…少々

作り方
1. ソースを作る。鍋に潰したにんにくとオリーブオイルを入れて火にかけ、炒める。
2. 香りが出たら、プチトマトを加え軽く火を入れ、ムール貝を加える。
3. イタリアンパセリの刻んだものも加え、少し炒め合わせたら水を90ccほど加え、蓋をして蒸す。
4. ムール貝の口が開いたら、貝を引き上げて、身のついていないほうの殻を取り外す。にんにくも取り出す。
5. 沸騰した湯でラヴィオリをボイルする。
6. 完全に浮いて来たら火が入っているので、潰さないように丁寧に湯をきって4の鍋に入れ、取り出しておいたムール貝も入れて和える。
7. 仕上がる直前に、ヤギのチーズをソースに溶かし込み、皿に盛る。
8. ペコリーノ・サラチーノを削りかけ、イタリアンパセリをふって仕上げる。

※じゃが芋生地のラヴィオリ

材料 仕込み量
<じゃが芋生地>
男爵芋（皮ごと茹で、裏漉ししたもの）…2個分
強力粉…裏漉した芋の半量くらい
卵黄…1個
塩…ひとつまみ
E.X.V. オリーブオイル…少々

<詰め物>
ヤギのフロマージュブラン…30g
ペスト・ジェノヴェーゼ…12g

作り方
1. じゃが芋生地を作る。裏漉してから冷ましたじゃが芋は、ボールに入れて卵黄と塩、オリーブオイルを加える。
2. 練らないように混ぜ合わせてから、小麦粉を加える。じゃが芋の水分を粉に吸わせる感じで、できるだけ練らず、粉けがなくなるまで混ぜる。【写a】
3. ある程度まとまったら台に出す。手の平で押さえる感覚で手早くまとめたら、ラップをかけて冷蔵庫で寝かせる。【写b】
4. 詰め物を作る。ペスト・ジェノヴェーゼとヤギのフロマージュブラン（岡山のルーラルカプリファームの物）を1:1で混ぜる。必要なら塩を足す。【写c】
5. 3の生地はパスタマシンにかけ、3mmほどの厚さにのばす。
6. のばした生地に溶き卵（分量外）をぬり、4をのせ、生地を手前から谷折りにする。【写d】
7. 詰め物の周りに空気が入らないように生地同士をくっつけて押さえ、詰め物を中心に、セルクル型で半月状にくりぬく。くっつきやすいので、打ち粉をまぶして置いておく。【写e】

手打ちのフジッリ 仔羊とエンドウ豆の煮込み和え 卵とチーズ仕上げ

杉原一禎

仔羊とグリンピースの料理は、ナポリでは非常にポピュラーで、復活祭をはじめセコンドで食べることが多い一品。ただ日本では、仔羊独特の香りが苦手な人も多いもの。しかしパスタにすれば食べやすく、元々が美味しい料理なので人気があります。ここでのポイントは、オイルにラードを使うこと。羊肉の場合、オリーブオイルだけではくどくなるからです。また、パルミジャーノでうま味を、ペコリーノで塩けを補います。合わせるパスタは、フジッリ。このパスタ、乾麺だとネジ状のショートパスタが有名ですが、ナポリでは穴開きのロングパスタです。しかも、中にソースが入りやすいよう、完全に綴じ目は作りません。セモリナ粉は吸水にしくいので、ぬるま湯で練って作ります。水の量は、セモリナ粉の半分が基本。大人数の時やコースの時など、状況に合わせて配合を変えます。

材料 6人分
フジッリ（下記参照）…300g

仔羊肉…1人前50g相当　300g以上の仕込みが望ましい
E.X.V. オリーブオイル…100g
ラード…30g
玉ねぎ（みじん切り）…1/2個分
グリンピース…200g
玉子…1.5個
パルミジャーノ（すりおろし）…適量
ペコリーノ・ロマーノ（すりおろし）…適量
塩・胡椒…各適量

作り方
1. 仔羊肉は塩、胡椒をし、鍋にオリーブオイルとラードを3：1の割合で熱した鍋に入れ、弱火でソテーする。焼き色はつかないようにゆっくり炒める。
2. 仔羊を炒める香りが生肉の香りでなくなったら、玉ねぎを加える。蓋をして玉ねぎの水分で蒸し焼きにする。
3. グリンピースを下茹でし、2に加える。豆と肉と玉ねぎの香りに調和がとれるまで火を入れる。【写A】
4. ボールに卵を割りほぐし、軽く塩、胡椒をし、パルミジャーノとペコリーノを加える。
5. 沸騰した湯でフジッリをボイルし、茹で上がったら3の鍋に入れて和える。【写B】
6. ペコリーノと胡椒をし、ソースとパスタを和えながら、4の溶き卵を加える。卵にある程度火を通しながら和える。【写C】
7. 皿に盛りつけ、パルミジャーノをかける。

※フジッリ

材料 仕込み量
セモリナ粉…200g　ぬるま湯…100g

作り方
1. セモリナとぬるま湯を2：1で混ぜ合わせる。生地がまとまったら台に出し、表面がしっとりとなめらかになるまでこねる。【写a】
2. 太さ1cm弱の棒状にのばし、5〜6cm長さに切る。【写b】
3. 生地は、打ち粉をせず、少し湿らせた台で作業する。生地の中心に細い金串を押しつけて食い込ませ、地を転がし、鉄棒に巻きつけるようにのばす。【写c】
4. 狙う長さまでのびたら、金串を抜く。必ずしもきれいに綴じ目がくっついていなくてもよい。【写d】

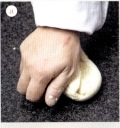

カンパニア
CAMPAGNIA

ルチャーナ風タコの煮込みのリングイネ

杉原一禎

タコをトマトで煮込んだルチャーナ風は、ナポリを代表する料理として日本でもよく知られていて、そのままセコンドで食べるだけでなく、リングイネにかけた料理も人気です。タコのルチャーナ風は、トマトがたっぷり入っているイメージですが、トマトではなくあくまでタコの料理。そこでタコは400gのもの、最大でも700gまでのものを使います。それ以上では火入れに時間がかかってしまい、皮がぐずぐずになってしまうからです。イタリアではタコは小さなものの方が高価で、200gは高級品。パスタの上に、煮た小さなタコが丸ごとのっているときもあります。日本では、タコは刺身でスライスして食べることが多いので、ここでは逆に、丸ごと1本を盛りつけました。ソースには、松の実、レーズンもよく使います。甘辛い料理は、ナポリ人が好きな味わいです。

材料 2人分
リングイネ…140g

タコのルチアーナ風（右記参照）…250g
イタリアンパセリ（みじん切り）…適量

作り方
1. タコのルチアーナ風は、ソースを鍋で温めておく。
2. リングイネは、塩分濃度1％強の湯に入れて茹でる。
3. アルデンテに茹で上がったら、取り出して湯きりし、1のソースと和える。
4. 器に盛りつけ、ぶつ切り、もしくは足を原形のまま添える。仕上げにイタリアンパセリをふる。

※タコのルチャーナ風（作りやすい分量）

材料 4人分
タコ（400gのもの）…1杯
にんにく…2片
ケイパー…ひと掴み
松の実…ひと掴み
レーズン…ひと掴み
イタリアンパセリ（みじん切り）…少々
プチトマト…30個
E.X.V. オリーブオイル…100cc

作り方
1. タコは内臓を抜き、ぬめりを取り水洗いして、クチバシと目を取り除く。
2. 深さのある鍋に、タコと残りの材料を入れ、蓋をして火にかける。
3. 焦がさないように注意しながら、弱火でタコがやわらかくなるまで煮込む。塩で味を決める。
4. タコがやわらかくなったら取り出し、好みでタコの足を1本ずつばらすか、食べやすいぶつ切りにする。ソースは取っておく。

カンパニア
CAMPAGNIA

プローヴォラチーズ入り じゃが芋とパスタの煮込み

杉原一禎

ナポリの、本当に庶民的な家庭料理です。見た目にはミネストラでも、れっきとしたパスタ料理です。最初に食べたのは、具が豆のパスタでした。修業先で賄いで食べて、その素朴な材料づかいながら、素朴な美味しさに感動した覚えがあります。しかし同時に、煮込んで作るのに定番素材のセロリが入らない。冬のイメージの料理なのにバジルが入るといった点に不思議な印象も持ちました。この料理は、実は夏の食べ物なのです。夏ににゅうめんを食べる感覚といえば分かりやすいでしょうか。じゃが芋を使うのは特にチープな料理ですが、ほっとするやさしい味わいで夏の疲れた胃に染みわたります。パスタはミックスパスタを使い、三分茹でにしてソースで煮込んで仕上げます。ポイントは、ブロードを使わず水だけで煮て作ること。ブロードで作ると味が強すぎて飽きるからです。バリエーションとしては、かぼちゃやカリフラワー。この場合はパスタは乾麺から入れるといいでしょう。冬場には豆を使います。その際は、バジルではなくオレガノを加えます。

材料 約2人分

- ミックスパスタ…120g
- 玉ねぎ（粗みじん切り）…1/2個分
- 人参（粗みじん切り）…1/8本分
- じゃが芋…250g
- プチトマト…3個
- ラルド・ディ・コロンナータ…15g
- バジリコ…2枝
- タイム…1枝
- E.X.V. オリーブオイル…40cc
- パルミジャーノ・レッジャーノ（すりおろし）…適量
- ペコリーノ・ロマーノ（すりおろし）…適量
- プローヴォラ…20g
- パルミジャーノ（すりおろし）…適量

作り方

1. プチトマトは湯むきし、じゃが芋は皮をむいてさいの目に切る。プチトマトは縦半分に切っておく。
2. 鍋にオリーブオイルを入れて火にかけ、1のラルドと玉ねぎ、人参を炒める。
3. 野菜の生っぽい香りが飛んだら、1のプチトマトとじゃが芋を加え、さっと炒めたらバジリコ1枝、タイム1枝を加える。
4. ハーブの香りが立ったら、パスタの茹で湯を少し加えて弱火にし、じゃが芋がやわらかくなるまで煮る。途中水分が足らなければ水を少しずつ足す。塩を少し加えて下味を付ける。
5. じゃが芋に完全に火が入り、やわらかく煮えたら一度火を止め、冷ます。
6. 1%強の塩を加えた湯で、ミックスパスタを塩茹でする。
7. 茹で時間が10分なら、4分ほど茹でて引き上げ、湯きりして5の鍋に移し、リゾットを炊く要領でじゃが芋の煮込みの中でパスタを煮込む。
8. パスタが煮えあがったら、すりおろしたチーズ2種、手でちぎったバジリコ1枝分を加えよく混ぜる。
9. 手で細かくちぎったプローヴォラチーズを加え、混ぜずに2〜3分休ませる。
10. スープの中でチーズがやわらかくなったら、レードルで深みのある器に盛りつける。好みでパルミジャーノを上からふる。

根魚と甲殻類と
ミックスパスタのミネストラ

杉原一禎

このパスタも、私の店のスペシャリテです。メバルは欠かせない素材で、カキも入れたいので、その時期だけに作っています。実は修業していた店は目の前が海で、底引き網にかかった小魚を使って出していたパスタのスペシャリテでした。そのパスタを、私流に日本の素材を使って魅力を高めた一品です。魚介をたくさん使い、しかもそのソースも合わせて使うのが特徴です。だたしまとめて煮込んでおくと、味が均一化してしまいますので、調理のつど、だしの濃いものや風味の強いものなどを一つ一つ鍋に加えていくことで、味に層を持たせ、味わいを軽やかに、香りがくっきりと際立たせます。使用するミックスパスタは、ナポリではよく使う素材。手打ちパスタのあまりを刻んで入れると、トロミが出て美味しくなり、食感も複雑になる。

材料 1人分

パスタミスタ…60g

にんにく…5g
E.X.V. オリーブオイル…18g
タカノツメ…少々
缶詰のプチトマト…18g
イタリアンパセリ…2g
バジリコ…4g
塩・胡椒…各適量

メバル…12g
下茹でしたタコ…15g
アナゴ…10g
ワタリガニ…15g
シラサエビ…12g
牡蛎（むき身）…1個分
針イカ…10g
アサリ…3個

作り方

1. 根魚のエッセンスを作る。メバルを三枚におろし、アナゴは腹開きにしてぬめりをとる。メバルのアラとアナゴのアラには、軽く塩をふる。
2. 厚手の鍋に、潰したにんにくとオリーブオイルを入れて炒める。軽く色づいたら、1のメバルとアナゴのアラ、バジリコ、胡椒を加え、蓋をして蒸し焼きにする。ひたひたの水を加えて15分ほど煮出したら、シノワで漉す。
3. 深さのある鍋に、潰したにんにく、タカノツメ少々とオリーブオイルを入れて炒める。
4. 香りが出たら、掃除してぶつ切りにしたワタリガニ、背ワタを取ったシラサエビを加え炒める。
5. 甲殻類の香りが充分に出たら、プチトマトとイタリアンパセリを加え、さらに炒める。水とタコの茹で汁を加え、エビとカニを一旦引き上げる。
6. エビは、頭を外して鍋に戻す。身は殻をむいて、食べやすい大きさにカットする。ワタリガニも見栄えの良い爪の殻だけ残し、身を綺麗に掃除する。
7. アサリを加え、口が開いたらすぐに引き上げ、身を外す。
8. アナゴは1cmをくらいに切って加える。茹でたタコも1cmくらいに切って加える。
9. パスタミスタは、8の魚介のスープの中で茹でる。茹で時間が10分として、逆算して残りの魚介を加える。目安は、メバルが4分前、牡蛎は1分前、針イカはごく薄切りで、すでに火の入ったアサリ、甲殻類を鍋に戻すタイミングで鍋に加える。オリーブオイルを加え、レードルで下から混ぜるように軽く乳化させる。
10. スープ皿に盛る。

ペンネのラルディアータソース

カンパニア CAMPAGNIA

杉原一禎

トマトにラルドを加えたソースのパスタです。以前、店で働いていたナポリ人に賄いで出して、「こんな地元でしか食べない料理を、よく知ってますね」と驚かれたことがあるパスタです。シンプルで材料も少ないのですが、コクがあって非常に美味しいこのパスタ。ナポリの家庭で食べられていて、ナポリっ子の冬のソウルフードといってもいいでしょう。ヘルシー志向で作る人が少なくなりましたが、古典的な料理を出すトラットリアならあるかも知れません。私はこのパスタが好きで、修業していた20歳代の頃は、てんこ盛りで食べていました。ラルドというと、コロンナータの高級品が知られますが、それ以外にも各地で塩漬けにしたものがあり、そうしたものは大衆的な店でもよく使われます。

材料 4人分
ペンネ…240g

ラルド…60g
E.X.V. オリーブオイル…50g
プチトマトの缶詰…200g
玉ねぎ（厚切りスライス）…1/2個
ペコリーノ・ロマーノ（すりおろし）…適量

作り方
1. ラルドは、庖丁で細かくペースト状になるまで叩いておく。
2. 玉ねぎは、オリーブオイルで炒める。軽く色づいたら、1のラルドを加え、中弱火でラルドの甘い香りを引き出すように炒める。
3. 玉ねぎとラルドの香りが調和してきたら、プチトマトを潰しながら加える。
4. 一度トマトの水分が出たのち、また軽く分離してくるまで煮込み、ラルディアータソースとする。
5. 沸騰した湯でパスタをボイルする。
6. パスタがアルデンテに茹で上がったら、湯きりして4に加え、少量のペコリーノを加え和える。
7. 皿に盛り、上からラルディアータソースをかけて、好みでペコリーノをかける。

スパゲットーニ アンチョビとガルムの ペペロンチーノ レモン風味

浅井 努

古代ローマの魚醤・ガルム。ほんの数滴垂らすだけで料理のコクがぐっと増す調味料です。カンパニア州には、レモンの産地として有名なアマルフィの街がありますので、ガルムとレモンを合わせた、酸味のある夏向けペペロンチーノを考案しました。パスタは、ペペロンチーノに合うスパゲットーニ。にんにくは白い状態を保ちながらオイル煮する感覚で火を入れ、ふにゃふにゃのやわらかさになるまで煮たら、包丁で叩いてペースト状にし、再びオリーブオイルの中に入れ、じっくり香りを出します。にんにくがほんのり色づき、良い香りが出た瞬間にガルムとアンチョビを入れることで、香り豊かなペペロンチーノに仕上がります。レモンは果汁を使わず、最後にスライスレモンを入れるだけ。レモンは加熱すると苦くなってしまうため、仕上げの直前に入れるのがポイント。シンプルなレシピだからこそ、材料を加えるタイミングが大切です。

材料 1人分
スパゲットーニ…80g
E.X.V. オリーブオイル…大さじ2
にんにく…1片　アンチョビ…7g
ガルム…小さじ1/2　パセリ（みじん切り）…ひとつまみ
レモン（スライス）…4枚
イタリアンパセリ（みじん切り）…適量

作り方
1. フライパンにオリーブオイルを入れて火にかけ、にんにくをつぶしながら入れる。
2. にんにくがやわらかくなったら取り出し、包丁でたたいてペースト状にし、再び同じフライパンに入れ火にかける。
3. にんにくが色づいたらアンチョビ、ガルム、パセリを加える。
4. 沸騰した湯でスパゲットーニをボイルし、アルデンテになったら取り出して3に加え、ソースをからめて最後にレモンを入れる。
5. 皿に盛る。イタリアンパセリをちらす。

チカテッリ 魚介のトマトソース

カンパニア CAMPAGNIA

飯出晃一

プーリアやバジリカータで見られる、指先で押さえてくぼみをつけるパスタのストラッシナーティやカヴァテッリ。それがカンパニアに入ると、チカテッリと呼ばれます。私は2本指で押して作りますが、3本指でのばしてもチカテッリ。もう少し短いと、ストリンゴリと呼ばれます。硬質小麦を使いますので、卵は入れません。カンパニアに行ったときに見た料理は、羊のラグーをからめて出されていました。それ以外でも、トマトやクリーム系のソースで食べる場合は、こってり味のものを合わせるそうです。

材料 4人分
チカテッリ（下記参照）…300g

ソフトシェルシュリンプ…8尾
ムール貝…8個
アサリ…12個
ホタテ…4個
ヤリイカ（カットしたもの）…1杯分
タコ（カットしたもの）…50g
にんにく…1片
アンチョビ（フィレ）…1枚
トマトソース…200cc
オリーブオイル…30cc

パセリ（みじん切り）…適量

作り方
1. 魚介のソースを作る。オリーブオイルににんにくとアンチョビを入れて火にかけ、香りが立ってきたら魚介を入れてソテーする。
2. 全体に火が回ったら、トマトソースを加えて煮込み、ソースとする。
3. 沸騰した湯でチカテッリをボイルする。
4. 茹で上がったら湯きりし、2のソースにからめて器に盛りつける。パセリをふる。

※チカテッリ

材料
セモリナ粉…200g
ぬるま湯…100g
E.X.V. オリーブオイル…10cc
塩…1g

作り方
1. 材料を全てボールで練り合わせてまとめ、ラップをして冷蔵庫で1時間休ませる。
2. 1は棒状にのばして4cm長さにカットする。【写a】
3. 断面を指2本で押して跡をつけるようにする。【写b】

キタッラ アマトリチャーナソース マリーゴールドの香り

杉岡憲敏

アブルッツォ州の、ラッツィオとの州境に近い山岳地帯が発祥のパスタ・キタッラ。のばした生地を針金の上にのせて圧し切る製法のため、断面が四角形になり、ソースがよくからみます。ソースは、アマトリチャーナ。このソースは、発祥のアマトリーチェの町は現在はラッツィオにあることから、ローマのソースとして知られていますが、イタリア統一当初の一時期はアブルッツォの一部だったことがあることから、キタッラと合わせました。黄色が鮮やかで、菊に近い香りのエディブルフラワーのマリーゴールドを、アクセントとして使いました。

材料 1人分
キタッラ（下記参照）…40g

トマトソース…40g
生トマト…40g
自家製ベーコン（短冊切り）…40g
飴色玉ねぎ（コンベクションオーブンで4〜5時間加熱後、フードプロセッサーで回したもの）…6g
白ワイン…適量
塩…適量
マリーゴールド…1輪 (10g)
マリーゴールドオイル…5g

パルミジャーノ…適量

作り方
1. フライパンにオイルを熱し、ベーコンを炒める。
2. 香りが出たら飴色玉ねぎを加え、材料が馴染んだら白ワインをふる。
3. アルコールを飛ばし、トマトを加えて角が取れるまで炒めたら、トマトソースを加えて煮る。
4. 沸騰した湯でキタッラをボイルする。
5. キタッラが茹で上がったら、水けをきって3に加え、ソースと和える。
6. ソースがからんだら塩で味を調え、マリーゴールドとマリーゴールドオイルを加えて和え、皿に盛る。パルミジャーノを削ってのせる。

※キタッラ

材料 仕込み量
00粉…750g
セモリナ粉…350g
卵…25g
卵白…120g
水…210g
塩…3g
E.X.V. オリーブオイル…25g

作り方
1. パスタ生地を作る。材料をすべてボールで混ぜ合わせ、ラップに包んでひと晩寝かせる。
2. 翌日、取り出して軽く練り、パスタマシンでのばす。生地を同じ方向にパスタマシンに入れ、目盛をみながら数回のばし、3mm厚さにする。
3. キタッラの上に生地をのせ、生地の上で麺棒を転がして圧し切る。

アブルッツォ
Abruzzo

タリアッチ 野菜とサフランのラグー

新妻直也

タリアッチは、タリアテッレを短く切ったような、アブルッツォ州のショートパスタです。日本ではあまり知名度のあるパスタとはいえませんが、地元では乾麺でも売られています。ここでは現地のワイナリーに行ったときにいただいた、野菜のみのラグーソースで仕上げました。使う素材は野菜だけなのに、自然な甘みが濃厚でサフランの香りがとてもやさしく感じられます。満足感が高い上にヘルシー感もあるので、女性にも喜ばれる一品です。

材料 2人分
タリアッチ（下記参照）…140g

野菜のラグー（下記参照）…140g

ブロード・ディ・ポッロ…適量
塩…適量
E.X.V. オリーブオイル…適量
パルミジャーノ（すりおろし）…適量

作り方
1. 沸騰した湯で、タリアッチをボイルする。
2. フライパンに野菜のラグー、ブロードを入れて温め、味を調える。
3. 1が茹で上がったら2に加え、全体を馴染ませパルミジャーノを加えて和える。
4. 器に盛り、オリーブオイルを回しかけ、パルミジャーノをふる。

※野菜のラグー

材料 仕込み量
ズッキーニ…100g
玉ねぎ（みじん切り）…150g
人参（みじん切り）…100g
セロリ（みじん切り）…50g
ブロード・ディ・ポッロ…適量
サフラン…1g
E.X.V. オリーブオイル…適量

作り方
1. 鍋にオリーブオイルと玉ねぎ、人参、セロリを入れて火にかけ、ソフリットを作る。
2. ズッキーニ、サフランを加え、ブロードを入れてさらに煮込む。

※タリアッチ

材料 仕込み量
00粉…500g　全卵…5個　塩…5g

作り方
1. パスタ生地はボールでひとまとめにし、冷蔵庫で半日ほど寝かせる。
2. パスタマシンで1mm厚さにのばし、タリアテッレの7mmの刃でカットする。【写a】
3. 台の上に置いて打ち粉をし、4〜5cmほどの長さに切る。【写b】

タッコレ ウサギのラグーと春野菜で

新妻直也

タッコレは、平たくのばしたパスタをダイヤ型に切ったショートパスタ。アブルッツォで見られます。方言や大きさで言い方も違い、タッコネッレ、タッコツェッテともいいます。現地では、くたくたに煮込んだ肉と野菜のラグーを合わせていました。その料理を、肉と野菜を別に調理してレストラン風にアレンジしました。淡泊なウサギの肉で先にラグーを作っておき、茹でたタッコレと合わせるときに、食べよくカットして火を入れておいた春野菜と合わせ、野菜類の華やかな色とシャキシャキの食感を活かしました。

材料 2人分
タッコレ（下記参照）…100g

ウサギのラグー（下記参照）…100g

春野菜（アスパラガス、グリンピース、ロマネスコ、春キャベツ、スナップエンドウ、カリフローレ）…各適量
ブロード・ディ・ポッロ…適量
塩…適量
E.X.V. オリーブオイル…適量

パルミジャーノ（すりおろす）…適量

作り方
1. フライパンにうさぎのラグー、ブロード、バターを入れ、軽く煮込む。
2. 春野菜は、それぞれ食べやすい大きさにカットし、それぞれボイルする。
3. タッコレは、沸騰した湯でボイルする。
4. 茹で上げたタッコレと春野菜を加え、色が悪くならないように仕上げ、味を調える。
5. 器に盛り、パルミジャーノ、EXVオリーブオイルを回しかける。

※ウサギのラグー

材料 仕込み量
ウサギモモ肉…500g
玉ねぎ（みじん切り）…150g
人参（みじん切り）…100g
セロリ（みじん切り）…50g
白ワイン…100cc
ブロード・ディ・ポッロ…適量
E.X.V. オリーブオイル…適量

作り方
1. 鍋にオリーブオイルと玉ねぎ、人参、セロリを入れて火にかけ、ソフリットを作る。
2. 粗めに切ったウサギ肉を入れて、焦げないように炒めたら、白ワイン、ブロードを入れ、30分ほど煮込む。

※タッコレ

材料 作りやすい分量
00粉…500g
全卵…5個
塩…5g

作り方
1. パスタ生地はボールでひとまとめにし、冷蔵庫で半日ほど寝かせる。【写a】
2. 1mm厚さにのばしたら、パッパルデッレのように3cm幅にカットする。【写b】
3. 2の生地は、斜めにダイヤ型になるように切る。【写c】

赤座エビとトマトのスパッカテッレ

直井一寛

モリーゼのパスタメーカー・コラヴィータ社のパスタです。くるっと丸まった形で、茹でてのばすと「二つに割った（spaccato）」が語源の名の通り、マカロニを縦半分にしたような形です。丸まった内側にソースがたくさんからむという利点があります。また、ミネストラの浮き身にも使われます。モリーゼは海岸線が短く、山岳地帯と丘陵地帯が中心の地域。唐辛子もよく使うので、合わせるソースをオリーブオイルベースにして、辛みを強調しました。具は赤座エビとミニトマト。うま味を強化するために、カツオのだしも加えています。

材料 2人分
スパッカテッレ…120g
赤座エビ…2尾
赤座エビのテール…2尾分
ミニトマト…6個
ミニトマト黄色…6個
にんにく…1片
唐辛子…1/2本
オリーブオイル…適量
バジリコ…適量

作り方
1. 沸騰した湯で、スパッカテッレをボイルする。
2. 赤座エビは、テールを外して殻をむき、食べやすい大きさに切っておく。頭は取っておく。
3. ミニトマトは、食べやすい大きさに切っておく。
4. フライパンに、つぶしたにんにく、唐辛子、オリーブオイルを入れ火にかける。
5. にんにくの香りがオリーブオイルに移ったら、2の赤座海老の頭とむき身と3のトマトを入れる。むき身は、半分くらい火が入ったら取り出し、エビの味が出るように頭はよく煮る。
6. 1のスパッカテッレが茹で上がったら、水けをきって5に入れ、麺にうま味を吸わせるように詰める。
7. 仕上げにカットしたバジリコを混ぜ入れ、皿に盛りつける。

スパッカテッレ入りミネストラ

直井一寛

左ページでご紹介したように、スパッカテッレはスープの浮き身にもよく使われるパスタです。そこでこのパスタを使った料理のバリエーションとして、丘陵地帯が多いモリーゼらしい一品を考えました。山の素材として野菜類をたくさん使ったミネストラに、スパッカテッレを組み合わせました。パンチェッタを熱して出た脂を使い、葉野菜、根菜、豆類などさまざまな野菜を食べやすくカットしてミネストラに煮込みます。そこに茹で上げたスパッカテッレを入れ、味をしみ込ませるようにして火を通し、仕上げます。

材料
スパッカテッレ…40g

なす…適量　ズッキーニ…適量　セロリ…適量　玉ねぎ…適量
人参…適量　きゃべつ…適量　黒きゃべつ…適量　茸類…適量
白いんげん…適量　グリーンピース…適量　パンチェッタ(細切り)…適量
にんにく（みじん切り）…適量　オリーブオイル…適量
白ワイン…適量　ブロード・ディ・ポッロ…適量

イタリアンパセリ…適量　パルミジャーノ（すりおろし）…適量
オリーブオイル…適量

作り方
1. 野菜は、それぞれ食べやすい大きさに切り揃えておく。
2. パンチェッタは、オリーブオイルでしっかりとソテーする。
3. 2に1の野菜類とにんにくを入れ、下味程度の塩をして、野菜のうま味を引き出すようにソテーしていく。
4. 白ワインでフランベし、ブロード、トマト缶を入れ、沸いてから約10分間煮て塩、胡椒で味を調える。
5. 沸騰した湯で、スパッカテッレをボイルして、出来上がったミネストラに入れ、味を馴染ませる。
6. 皿に盛りつけ、カリカリにソテーしたパンチェッタとパルミジャーノパウダー・E.X.V.オリーブオイルをふる。

トゥロッコリ
サルシッチャとチーマディラーパで

新妻直也

トゥロッコラトゥーロという、溝のついた麺棒のような道具で切る手打ちパスタです。プーリアらしい、セモリナ粉と水だけで作るシンプルな生地を3mm厚さにのばし、トゥロッコラトゥーロをのせて転がしてカットします。生地がくっつきやすいので、セモリナ粉をたっぷりとふりながら、しっかりと体重を乗せて2〜3往復し、切るのがコツです。打ちたてが美味しいので、乾燥させずにその日のうちに使い切ります。食感はうどんに近い感じです。さいたま市は日本一のチーマディラーパの産地で、フレッシュで質の良い素材が身近に手に入るため、プーリアで定番のチーマディラーパとサルシッチャのソースを合わせました。

■材料 2人分
トゥロッコリ（下記参照）…120g

サルシッチャミート…100g
チーマディラーパ…6枝分
白ワイン…30cc
にんにく（スライス）…1片分
赤唐辛子…1本
ブロード・ディ・ポッロ…適量
E.X.V. オリーブオイル…適量

■作り方
1. チーマディラーパは、あらかじめ2分ほど下茹でし、大きめに刻んでおく。
2. フライパンににんにく、赤唐辛子、オリーブオイルを入れて弱火にかける。
3. ある程度、香りが出たら赤唐辛子を取り出し、サルシッチャミートをほぐしながら加え、炒める。
4. 白ワインを加え、アルコール分を飛ばし、ブロード、1を加え、お湯で水分量を調整しながら野菜がくたくたになるまで煮込む。
5. トゥロッコリは、沸騰した湯でボイルする。
6. 5は六〜八分ほど火が入ったら取り出し、4に加え、全体を馴染ませながら煮込むように仕上げる。
7. 器に盛りつける。

※トゥロッコリ

■材料 仕込み量
セモリナ粉…500g
ぬるま湯…230cc
塩…5g

■作り方
1. ボールに材料をすべて入れて素早く混ぜ合わせる。グルテンが出すぎると生地が硬く締まってしまうので、ぬるま湯で素早く粉と水分を合わすイメージで、あまり練りすぎない。ある程度まとまったら、ラップをし、冷蔵庫で休ませる。
2. 30分ほどしたら取り出し、もう一度、全体を練り上げる。ラップをし、冷蔵庫で休ませる。【写a】
3. パスタマシンで、3mm厚さ、幅はトゥロッコリの幅になるようにのばす。【写b】
4. たっぷりの打ち粉をふって、トゥロッコリを圧しつけるようにして転がし、パスタにする。【写c】
5. 完全には切ることが出来ないため、手で1本1本、はがしていく。【写d】

ラガーネ

プーリア Puglia

杉岡憲敏

プーリアで見られるパスタです。卵は使わず、セモリナ粉で作るパスタで、麺棒でのばし庖丁で切って作る、非常に古典的なパスタといわれています。見た目にはシンプルな幅広パスタでタリアテッレのようなのに、乾麺でなかなか売っておらず、日本でも見かけません。これは他のパスタよりも厚みがあり、カッターに通らないからではないかと思っています。その厚みの通り、力強い、噛みしめるパスタです。ソースも、濃厚なラグーなどを合わせます。ここでは、イカのラグーとイカ墨ソースを組み合わせ、歯応えのアクセントとしてピクルスを添えました。ちなみに余った生地は、手でちぎってスープの浮き身にもできます。

材料 1人分
ラガーネ（右記参照）…40g
イカのラグー（下記参照）…60g
イカ墨ソース…（下記参照）…25g

人参のピクルス…適量
人参の花と葉…適量

作り方
1. 沸騰した湯でラガーネをボイルする。
2. フライパンにイカのラグーを入れて火にかけ、温める。
3. 1が茹で上がったら取り出して湯きりし、2のフライパンに入れてラグーとからめる。オリーブオイルを加えて乳化させる。
4. 器にイカ墨を流してヘラで広げ、3のパスタを盛る。フライパンのイカのラグーを上にのせる。人参のピクルスをのせ、人参の葉と花を飾る。

※ラガーネ

材料 仕込み量
セモリナ粉…380g
強力粉…80g
ほうれん草パウダー…10g
ぬるま湯…220g
塩…2g
E.X.V. オリーブオイル…25g

作り方
1. 材料すべてをボールに入れ、ヘラで混ぜ合わせる。
2. 水分が馴染んだら、手の平で押しつけるようにしてまとめる。
3. 生地がまとまったら、真空にかけてひと晩、冷蔵庫で寝かせる。
4. 寝かせた生地は、ある程度手で平らにしてから麺棒で3mm厚さほどにのばしたら、庖丁で7mm幅にカットする。セモリナ粉をふって冷蔵庫で保存する。

※イカのラグー

材料 仕込み量
スルメイカ…1杯
ケッパー（酢漬け）…15g
白ワイン…30cc
ホンビノス貝のだし…60cc
エビのだし 60cc
E.X.V. オリーブオイル…適量
バター…15g

作り方
1. スルメイカはゲソを抜き、肝、目とクチバシを切り取る。ゲソの半量と胴はフードカッターで細かくカットする。
2. 1のフードカッターで回したイカゲソと胴は、オリーブオイルを熱したフライパンで炒める。
3. イカの色が変わったら、白ワインとホンビノス貝のだし、エビのだしを加えて軽く煮込む。
4. 水分が減ったら、残りのゲソとケッパーを入れて合わせ、火を消してバターでつなぐ。

※イカ墨ソース

材料 仕込み量
イカ墨…6g
トマト（湯むきしてざく切りにしたもの）…60g
トマトソース…140g
ホンビノス貝のだし…30cc
エビのだし…70cc
E.X.V. オリーブオイル…適量
塩…適量

作り方
1. 鍋でオイルを熱し、トマトをソテーする。【写a】
2. ホンビノス貝のだしとエビのだし、トマトソース、イカ墨を加えて煮る。【写b】
3. 煮詰めて濃度が出たら、ミキサーに入れ、オイルを少し足して回し、ソースとする。【写c】

コンキリエ エビとブロッコリーのソースで

新妻直也

貝殻という意味のショートパスタです。サイズに大小があり、パスタメニュー以外に、中に詰め物をして前菜的な料理にすることもあります。プーリア風では、コンキリエにブロッコリーのソースを合わせる郷土料理があります。くたくたになったブロッコリーのソースが、コンキリエのくぼみの中に入り込んで、たいへん美味しいパスタに仕上がります。ここではそれにエビとアサリのうま味を合わせて、より海辺に近い場所のイメージのパスタに仕上げました。ブロッコリーは、茎の部分も味が濃く美味しいので、つぼみの部分とは時間差でやわらかく茹でて使うと、無駄になりません。

材料 2人分
- コンキリエ…120g
- 車エビ…6尾
- アサリのだし…50cc
- ブロッコリー…1/2個
- にんにく(スライス)…1片分
- 赤唐辛子…1本　白ワイン 30cc
- 塩…適量
- E.X.V. オリーブオイル…適量
- カラスミ(パウダー)…適量

作り方
1. ブロッコリーは、茎とつぼみの部分に分ける。
2. 沸騰した湯に、最初に1の茎を入れて茹でる。3分ほど経ったら、つぼみの部分を入れてさらに3分茹で、ザルにあげておく。
3. 車エビは殻をむき、4等分くらいに切り、塩をふっておく。
4. フライパンにオリーブオイル、にんにく、赤唐辛子を入れて火にかける。
5. にんにくがキツネ色になったら、3を入れて軽く炒め、白ワインをふってアルコール分を飛ばす。アサリのだしを加える。
6. 5は車エビをいったん取り出し、2を加え、ヘラなどでよくつぶしてソースにブロッコリーを馴染ませる。
7. コンキリエは、沸騰した湯でボイルする。
8. 7が茹で上がったら、湯きりして6のフライパンに入れ、車エビを戻し、味を馴染ませ、オリーブオイルで乳化させるように和える。
9. 器に盛り、カラスミパウダーをふる。

プーリア
Puglia

イワシとういきょうのオレキエッテ

浅井 努

小さな耳たぶ型の手打ちパスタ・オレキエッテが有名なプーリア州。そこで、この地方でよく食べられている、ういきょう（フェンネル）とイワシの組み合わせにオレキエッテを合わせ、夏に食べることを想定して、レモンで爽やかに仕上げました。イワシの独特の香りは、にんにく、タカノツメ、パセリ、レモンとの相性もいいと思います。トマトは、しっかりとしたトマト本来の味を出したかったので、セミドライにしました。適度な生っぽさがありつつ、パスタと一緒に噛みしめることができる食感がいいと考えています。最後に、オリーブオイルで揚げたパン粉をふり、食感のアクセントにします。

材料 1人分
オレキエッテ（右記参照）…70g

イワシ（フィレ）…2尾分
セミドライトマト（プチトマトをカットし160℃のオーブンで15分加熱したもの）…3個
E.X.V. オリーブオイル…30cc　にんにく…1片　タカノツメ…ひとつまみ
ういきょう（蒸し煮・長さ2〜3cm×厚み3〜4mm）…15g
黒オリーブ（半割り）…3個分　オレガノ…適量

レモンの皮…適量　イタリアンパセリ（みじん切り）…適量　パン粉（揚げ焼き）…適量

作り方
1. 沸騰した湯でオレキエッテをボイルする。
2. オイルににんにくとタカノツメを入れて火にかけ、香りが出たらイワシを入れてソテーし、ういきょう、黒オリーブを加えてソテーし、オレガノをふる。
3. 1が茹で上がったら、湯きりして2に加え、ドライトマトを加えて混ぜ合わせる。
4. 皿に盛り、レモンの皮を削りかけ、イタリアンパセリ、オイル、パン粉をふる。

※オレキエッテ

材料 仕込み量
強力粉…200g　デュラム粉…50g
卵黄…40g　卵白…40g　水…50g
E.X.V. オリーブオイル…小さじ1　塩…少々

作り方
1. 強力粉とデュラム粉は、合わせて混ぜておく。
2. 1とそれ以外の材料を合わせてこね、真空にかけて冷蔵庫で1日寝かせる。
3. 翌日、取り出して直径1cmほどの棒状にこね、2cm長さほどにカットし、指で押さえてオレキエッテとする。

ムール貝を入れた農園風オレキエッティ

今井　寿

オレキエッティは、プーリアを代表するパスタです。乾麺でもいろいろなメーカーから売られており、作業がシンプルなことから手打ちでもよく作られます。手打ちでは指で押すだけでは本来は不充分で、さらにそれを裏返して凹みを逆にすることによって、底の部分がより薄くなり、食感に変化が出ます。味がよく染みますので、たとえばブロッコリーやチーマディラーパなど、通常はシンプルに野菜を具にして合わせた料理が多く見られます。ここでは野菜をたくさん使い、プーリアが特産のムール貝も加えました。味つけは、ムール貝から濃厚なだしが出ますので、アンチョビは入れないようにします。トマトは甘みの強いアイコトマトを使っています。

材料　4人分

- オレキエッティ（下記参照）…300g
- にんにく（つぶしたもの）…2片分
- タカノツメ…1本
- ムール貝…32個
- ズッキーニ（小角切り）…1本分
- オリーブ（粗みじん切り）…16個分
- ミニトマト（1/4カット）…20個分
- 白ワイン…90cc
- 塩・胡椒…各適量
- E.X.V. オリーブオイル…適量

パセリ（みじん切り）…適量

作り方

1. 鍋にオリーブオイルとにんにくを入れて弱火にかけ、にんにくがきつね色になったら取り出す。
2. タカノツメとズッキーニを入れて炒める。
3. ズッキーニに油が回ったら、ムール貝、オリーブ、ミニトマト、白ワインを入れて蓋をし、加熱する。
4. ムール貝が開いたら、鍋から取り出す。半量は身を殻から外し、残りはそのままにして身と一緒に保温しておく。
5. 沸騰した湯でオレキエッティをボイルする。
6. オレキエッティが茹で上がったら、水けをきって4の鍋のソースに入れてよく混ぜ合わせる。
7. パスタにソースがからんだら、4のムール貝を入れてからめ、塩、胡椒で味を調えたら火からおろし、オリーブオイルをかけてからめる。
8. 器に彩りよく盛りつけ、パセリをちらす。

※オレキエッティ

材料

- セモリナ粉…200g
- 水…100cc
- 塩…少々

作り方

1. ボールにセモリナ粉、塩と水を入れ、よく混ぜ合わせる。
2. まとまったらひとかたまりにし、丸めてラップをかけ、常温で30分置く。
3. 取り出して適量をカットし、台にのせて両手の平で転がしながら、直系1cmほどの棒状にのばす。【写a】
4. 3は2cm長さにカットする。【写b】
5. 親指を生地に添え、奥に押して凹みをつけたら、そのまま人差し指に裏返してかぶせ、裏返してオレキエッティの形に成形する。【写c】

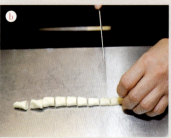

オレキエッティのロザマリーナソース 白イカのグリル添え

加藤政行

オレキエッティは楕円形で、小さな耳にも似たユニークな形が特徴です。本来はセモリナ粉100%のところを00粉で作ることで、やわらかいすいとんのような、くにゅくにゅの面白い食感になりました。そこに、カラブリアの辛い常備調味料のロザマリーナを合わせて、なすと万願寺唐辛子を具に、夏らしいピリ味の一品に仕上げました。ロザマリーナを使ったパスタは、現地では慣れないと食べ進めないほど激辛に仕上げるので、日本人にも楽しめるよう、エストラットを多めに加えてマイルドに仕上げました。

材料 2人分
オレキエッティ（下記参照）…180g

白イカ…100g
白なす（輪切り）…1/2本分
万願寺唐辛子（輪切り）…1本分
にんにく（スライス）…1/4片分
ロザマリーナ（下記参照）…大さじ1
エストラット…大さじ1
E.X.V. オリーブオイル…適量
塩・胡椒…各適量

イタリアンパセリ（みじん切り）…適量

作り方
1. 白イカは、熱したグリル板でグリルして焼き目をつけ、細切りにしておく。
2. オリーブオイルとにんにくをフライパンに入れて火にかけ、香りを出す。
3. 2に白なすを入れてソテーしたら、万願寺唐辛子も加えてソテーする。
4. 水100ccくらい（分量外）とロザマリーナ、エストラットを加え、溶かし込み、全体を馴染ませる。
5. 沸騰した湯でオレキエッティをボイルする。
6. 3のフライパンに1の白イカを入れ、塩で味を調える。
7. 5のオレキエッティが茹で上がったら、引き上げて湯きりし、6に加えソースと合わせる。
8. オリーブオイル、胡椒を加えて合わせ、器に盛りつける。イタリアンパセリをちらす。

※ロザマリーナ

材料 作りやすい分量
生シラス…100g
唐辛子（みじん切り）…3g
結晶塩…2g
エストラット（濃厚なトマトペースト）…60g

作り方
1. すべての材料を混ぜ合わせ、冷蔵庫で10日前後寝かせる。
2. 少し発酵しだした頃から使う。

※オレキエッティ

材料 2人分
00粉…110g
塩…適量
水…55～60cc
E.X.V. オリーブオイル…適量

作り方
1. 全ての材料を合わせて練り、まとめてラップに包み、ひと晩休ませる。
2. 生地は直径5mmほどの棒状にのばし、2cm幅にカットする。
3. 生地の中央をテーブルナイフで押さえてから、手前に引くようにして成形する。

カヴァテッリ カルドンチェッリのソース

仁保州博

猫耳のような、かわいいパスタです。プーリア発祥とされていて、今やイタリア南部一帯に広まって名前もさまざまです。シチリアではカヴァリエッリと呼ばれているようです。作り方は、セモリナ粉と00粉を合わせたやわらかい生地を小さくカットし、中央にくぼみを作ります。手で行う人もいれば、私のようにナイフの先端で作業する人もいます。ここでは、プーリアの茸・カルドンチェッリを合わせました。軸の部分は細かく挽いてソテーし、ソースに。それ以外の傘の部分は、形を残して火を通し、パスタと合わせました。風味としてマジョラムを使い、味のアクセントとしてドライトマトも加えています。

材料
カヴァテッリ（下記参照）…120g

カルドンチェッリ…200g
玉ねぎ（みじん切り）…70g
ドライトマト…20g
ブロード・ディ・ポッロ…適量
E.X.V. オリーブオイル…適量
マジョラム…適量
塩・胡椒…各適量

作り方
1. カルドンチェッリは、軸の部分を挽き肉器にかける。残った傘の部分はは取っておく。
2. 鍋にオリーブオイルと玉ねぎを入れてソテーする。
3. 玉ねぎに透明感が出てきたら、1の挽いたカルドンチェッリを入れて炒める。
4. カルドンチェッリに油が回ったら、ブロードを加えて煮込む。
5. 沸騰した湯で、カヴァテッリをボイルする。
6. 1で残しておいたカルドンチェッリは適当な大きさにカットし、ソテーして、ドライトマト、マジョラムとともに4の鍋に加える。
7. カヴァテッリが茹で上がったら、湯きりして6の鍋に加え、ソースをからめ、塩、オリーブオイルを加えて馴染ませる。
8. 器に盛りつける。

※カヴァテッリ

材料
セモリナ粉…125g
00粉…125g
水…140g
塩…5g

作り方
1. 材料をすべて合わせてよくこねる。生地がまとまったら、ラップに包んで1〜2時間寝かせる。【写a】
2. 1を取り出したら、適量を切り出して細長くのばす。【写b】
3. 直系約1cmの棒状にしたら、打ち粉をして、テーブルナイフで5〜7mm長さにカットし、そのままナイフの先で手前に引くようにして成形する。【写c、d】

魚介類とフレッシュトマトのカヴァテッリ

直井一寛

食べやすい大きさにした生地を、指で押さえて引っかくようにして作るのが特徴で、掘る・採掘する、といった意味のcavareが語源のパスタです。オレキエッテと並んで、プーリアのパスタとして知られています。本書でも紹介されているように、作り方はシェフによってさまざまなのでユニークです。ここでは私が以前働いていたときに教わった方法で作りました。ソースは、魚介が豊富なプーリアのイメージに合わせて、魚介のラグー。このソースは、魚介が硬くならないよう煮込みすぎないのがポイントです。しっかりとした食感で存在感があるので、ウサギのラグーでも美味しい一品になります。

材料 2人分
カヴァテッリ（下記参照）……120g

エビ…6尾
甲イカ…50g
アサリ…14個
ホタテ…2個
ミニトマト…10個
唐辛子…1/2本
にんにく（みじん切り）…1片分
アサリのだし汁…適量
バジリコ…適量
プーリア産EXVオリーブオイル…適量

作り方
1. 魚介類とミニトマトは、食べやすい大きさに切っておく。
2. フライパンに、にんにくと唐辛子、オリーブオイルを入れ火にかける。
3. にんにくの香りが出てきたら、1の魚介類とミニトマトを入れ、軽く火を入れる。
4. 3にアサリのだし汁を入れ、魚介類に半分くらい火が入ったところで魚介類を取り出しておく。
5. 沸騰した湯で、カヴァテッリをボイルする。
6. 5が茹で上がったら、水けをきって4のフライパンに入れ、カヴァテッリにソースを吸わせながら和える。
7. ソースが半分くらい詰まってきたら、4で外しておいた魚介類を戻し、味を調える。
8. 火を消し、仕上げにプーリア産EXVオリーブオイルをふり入れる。
9. 皿に盛りつけて、バジリコを飾る。

※カヴァテッリ

材料 仕込み量
硬質小麦…500g
水…255g
塩…少々
オリーブオイル…少々

作り方
1. 硬質小麦はふるいにかけ塩と混ぜ合わせておく。
2. 1に水・オリーブオイルを全体に均一に混ぜ合わせ、軽くまとめる。
3. 軽く練り上げてボールに入れ乾燥しないようにラップをして、常温に約20分置いて寝かせる。
4. 3を取り出し、表面が滑らかになるように練り上げたら、真空機で真空にして冷蔵庫で2時間寝かせる。
5. 生地を必要量取り出し、直径約1cmの棒状にのばし、約5cm幅にカットする。
6. 5を人差し指・中指・薬指の3本の指先で、手前にひっかくようにこすりつけ成形する。

カヴァテッリ ウサギ肉のラグー

直井一寛

59ページの魚介のソースに加えもう一つ作ったバリエーションです。南でよく食べられているウサギを使ったラグーです。トマト系のソースを合わせるときは、カヴァテッリをもう少し細くするといいでしょう。生地は、実は74ページで紹介するアネッリーニ、86ページのロリギッタスと同じもので形だけが違うのですが、このカヴァテッリが食感として最も存在感を感じさせます。

材料 2人分
カヴァテッリ（59ページ参照）…120g

ウサギ肉のラグー（下記参照）…適量

塩・胡椒…各適量
プーリア産 E.X.V. オリーブオイル…適量
イタリアンパセリ（みじん切り）…適量

作り方
1. カヴァテッリは沸騰した湯でボイルする。
2. フライパンに、骨を抜いたウサギ肉のラグーを入れて温める。
3. 1のカヴァテッリが茹で上がったら、湯きりをして2に入れ、ソースとからめて味を調える。
4. 火を消し、仕上げにプーリア産 E.X.V. オリーブオイルをふり入れる。
5. 器に盛りつけ、イタリアンパセリをふる。

※ウサギ肉のラグー

材料 仕込み量
ウサギ…1羽
玉ねぎ（みじん切り）…600g
人参（みじん切り）…200g
セロリ（みじん切り）…100g
ブレンドオイル（E.X.V. オリーブオイル75％とひまわりオイル25％をブレンドしたもの）…適量
トマト缶…300g
白ワイン…適量
水…適量
塩・胡椒…各適量
ローズマリー…2本
バジリコ…1枝

作り方
1. 玉ねぎ、人参、セロリは、多めのブレンドオイルでじっくりとソテーして、ソッフリットを作っておく。
2. ウサギ肉は、骨つきのままブツ切りにして、塩・胡椒をする。
3. 2の肉を、オイルを熱したフライパンでソテーし、ザルにあけて余分な油を落とす。
4. 3の肉をフライパンに戻し、白ワインでフランベしたら、大き目の鍋に入れる。
5. 4の鍋に1とトマト缶、ローズマリー、バジリコを入れ、ひたひたの水を注いで、ウサギが柔らかくなるまで煮込む。

オリーブとなすのカヴァテッリ

今井 寿

カヴァテッリの生地は卵は使わず、やわらか目です。それを、私は親指で押して作ります。茹で上げた時のつるつる感が面白いパスタです。具材には、オリーブ、ムール貝、パプリカ、ズッキーニ、なすと、プーリアで採れるものを中心に使いました。それ以外では、ブロッコリーや、ムール貝とトマトのソースを合わせても楽しめます。ここでは、なすでも果肉がひじょうにやわらかく、油を吸いにくいフィレンツェなすを使いました。仕上げに、プーリアが特産のレモンオイルをふって香りを高めます。

材料 2人分
カヴァテッリ（下記参照）…180g

グリーンオリーブ（塩けを抜いたもの）…8個
黒オリーブ（塩けを抜いたもの）…8個
ケッパー（塩けを抜いたもの）…15g
にんにく…2片
オリーブオイル…適量
トマトソース…300g
なす（1cm厚さ輪切り）…4枚
塩・胡椒…各適量

パセリ（みじん切り）…適量
イタリアンパセリ…適量

作り方
1. 鍋につぶしたにんにくとオリーブオイルを入れて弱火にかける。
2. にんにくがきつね色になったら取り出し、オリーブ、ケッパーとトマトソースを加えて煮込み、ソースとする。
3. 沸騰した湯で、カヴァテッリをボイルする。
4. カヴァテッリが浮いてきたら取り出し、水けをきり、3のソースに入れてよくからめる。塩、胡椒で味を調える。
5. なすはグリルか素揚げにして、塩をふり、器にしく。その上に5を盛りつける。パセリをちらし、イタリアンパセリを飾る。

※カヴァテッリ

材料
セモリナ粉…120g
水…約60cc
塩…少々
オリーブオイル…少々

作り方
1. カヴァテッリは、材料を合わせてひとまとめにし、ラップをして1時間ほど置く。
2. 1の生地を取り出して細長くのばし、2cm長さほどにカットしたら、台の上で親指で押さえ、奥に向かって押し出すようにしてカヴァテッリにする。

グラノアルソのカヴァティエッリ イン パデッラ

加藤政行

グラノアルソ（Glano Arso）は、その名の通り「焦げた麦」。プーリアの素材です。その昔、現地の貧しい農家では食用の麦は高価で買えず、焼き畑で焼け残った麦を集めては挽いて料理に使っていたそうです。現在では焼き畑は行われず、わざわざ焦がして作るグラノアルソは高級素材になっています。燻製香が強く、パスタ生地やタルト生地に入れたりもします。火が入っていてグルテンがないので、パスタにする場合は強力粉と合わせて水だけで練ります。南の素材なので、パスタも南のカヴァティエッリです。生の状態では生地はグレーがかっていて、茹でると黒くなります。その黒を活かすために、彩りのいい野菜と組み合わせ、ローマから南の地方で用いられることの多いイン・パデッラで調理しました。元々は貧しい庶民から生まれた素材ですので、調理法もカチョ・エ・ペペなどのようにシンプルに仕上げるのもいいでしょう。

材料 2人分

グラノアルソのカヴァティエッリ（下記参照）…150〜160g

サルシッチャ（下記参照）…約250g
野菜
　焼きとうもろこし（カットしたもの）…適量
　万願寺唐辛子（種を掃除したもの）…適量
　ごぼう（やわらかくボイルしたもの）…適量
　黄ズッキーニ（スライス）…適量
　ブロッコリー（小房にほぐしたもの）…適量

唐辛子…適量　にんにく…適量　ケッパー…適量
白ワイン…適量　E.X.V. オリーブオイル…適量
塩・胡椒…各適量　ペコリーノ・ロマーノ（すりおろし）…適量

作り方

1. フライパンに、唐辛子、つぶしたにんにくとE.X.V. オリーブオイルを入れて、火にかける。
2. 香りが出たら、サルシッチャを加えてソテーする。
3. サルシッチャの色が変わったら、野菜類とケッパーを入れてソテーする。
4. 白ワインを入れてアルコールを飛ばし、水を加えて軽くボイルする。
5. 沸騰した湯でカヴァティエッリをボイルする。
6. カヴァティエッリが茹で上がったら、引き上げて湯きりし、4のソースに入れて中火でしっかり合わせる。
7. 胡椒をしてE.X.V. オリーブオイルをふりかける。
8. 皿に盛りつけ、軽くペコリーノをちらす。

※グラノアルソのカヴァティエッリ

材料 2人分
グラノアルソ…70g
00粉…30g
水…50〜60g
塩…適量
E.X.V. オリーブオイル…適量

作り方
1. すべての材料を混ぜ合わせて練る。
2. 生地を丸めてラップをし、冷蔵庫でひと晩休ませる。
3. 生地はカットして台の上で細長くのばし、3cmほどの長さにカットし、ナイフの先で押さえて手前に引くようにしてカバティエッリに成形する。

※サルシッチャ

材料 2人分
豚カタ挽き肉…200g
にんにく（みじん切り）…1/4片
ローズマリー…適量
唐辛子…適量
白ワイン…25ml
E.X.V. オリーブオイル…適量
塩・胡椒…適量

作り方
1. すべての材料を切り混ぜ、ひと晩休ませる。

バジリカータ
BASILICATA

ストラッシナーティ

杉岡憲敏

ストラッシナーティはバジリカータからプーリアで見られ、その作り方に由来する「引きずる」という意味を語源に持つショートパスタです。セモリナ粉をこねた生地を小さくカットし、3本指で押さえて手前に引きずるように成形します。生地に3つのくぼみができ、まるで枝豆の鞘のようなユニークな形。そのくぼみにソースがのり、美味しく食べられるというわけです。作ってすぐに茹でる点も特徴で、すいとんにも似たもちもちとした食感です。ソースはトマトソースのほか、タコや貝類などともよく合います。ここでは貝のうま味と、それを引き立てるペスト・ジェノヴェーゼを組み合わせました。なおストラッシナーティにはいろいろ種類があり、1本指、2本指、4本指…で作ると、それぞれにパスタ名が変わります。

材料 1人分
ストラーシナーティ（下記参照）…40g

ホンビノス貝…3個　白ワイン…15cc
季節の葉野菜（写真はルッコラ、ビーツ、ナスタチューム、タンポポ）…10g
E.X.V. オリーブオイル…適量　ペスト・ジェノヴェーゼ（右記参照）…25g　にんにくオイル…3cc

赤軸タンポポ、ビーツ、しそ、人参の花、サルビアの花など…各適量

作り方
1. ホンビノス貝は、白ワインとともに鍋に入れて火にかけ、殻が開いたら火を止め、取り出す。殻から身を外し、煮汁に入れて置いておく。
2. フライパンにオリーブオイル少量と1のホンビノス貝の身を入れ、少量の煮汁も加えて火にかけ、季節の葉野菜も加えて温める。
3. 沸騰した湯でストラーシナーティをボイルする。
4. 茹で上がったら取り出して湯きりをし、ペスト・ジェノヴェーゼとともに2のフライパンに入れてソースとからめる。
5. 器に盛りつけ、季節の花と葉を飾る。

※ペスト・ジェノヴェーゼ

材料 仕込み量
バジル…150g
パセリ…100g
松の実…100g
にんにく…1片
ケッパー…30g
アンチョビ…30g
パルミジャーノ（すりおろし）…100g
E.X.V. オリーブオイル…300cc

作り方
1. 冷やしたミキサーに全ての材料を入れ、ペースト状になるまで回す。

※ストラーシナーティ

材料 仕込み量
セモリナ粉…300g　ぬるま湯…150g
塩…2g　E.X.V. オリーブオイル…20g

作り方
1. 材料すべてをボールに入れ、ヘラで混ぜ合わせる。【写a】
2. 水分が馴染んだら、手の平で押し付けるようにしてまとめる。【写b】
3. 生地がまとまったら、真空にかけてひと晩、冷蔵庫で寝かせる。【写c】
4. 寝かせた生地は、ある程度手で平らにしてから麺棒で5mm厚さほどにのばし、1.5cm幅にカットし、さらに5cm長さにカットする。【写d】
5. カットした生地は、3本の指の先を添え、手前に引くようにして押さえ、生地に3つの凹みをつくる。【写e】

ストロンカトゥーラ

カラブリア Calabria

杉岡憲敏

カラブリアでも南部の地域で食べられている、全粒粉作る素朴な味わいのパスタで、そばのようなぼそぼそした食感が印象的です。元々は貧しい地域で食べられていたそうで、倉庫の中に残った酸化したような小麦粉を使ったのが始まりといわれています。調理面でも、昔はスパイスが高価で、このパスタに使えるスパイスはもっぱら唐辛子だったそうです。そこでここでは唐辛子ペーストを使い、サルデッラをフレッシュな素材として使うイメージで生のシラスとフィノッキオを合わせ、具材としました。パスタは強力粉と全粒粉を使っていて、卵白を入れてこねてもなかなかまとまりませんので、私は真空機にかけてまとめ、1日寝かせてからのばすようにしています。パスタを茹でてハマグリのだしをからめてからシラスをのせるスタイルで、スピード提供も可能です。

材料 1人分
ストロンカトゥーラ（下記参照）…40g

ハマグリのだし…適量
E.X.V. オリーブオイル…適量

生シラス…20g
フィノッキオ（スライス）…20g
唐辛子ペースト…10g
にんにくオイル…3cc

フィノッキオの葉…適量

作り方
1. 具材を用意する。シラスは、フィノッキオと唐辛子ペースト、にんにくオイルを合わせて1日置いておく。【写A】
2. フライパンに、オリーブオイルとハマグリのだしを加えて火にかける。【写B】
3. 沸騰した湯でストロンカトゥーラをボイルする。
4. ストロンカトゥーラが茹で上がったら、取り出して湯きりし、2のフライパンに入れてソースとからめる。【写C】
5. 器に盛りつけ、1の具材をのせる。フィノッキオの葉を飾る。

A

B

C

※ストロンカトゥーラ

材料 仕込み量
強力粉…600g　全粒粉…400g　卵白…145g
水…210g　塩…3g　E.X.V. オリーブオイル…25g

作り方
1. すべての材料を混ぜ合わせ、粉けがなくなったら真空機にかける。
2. 取り出してパスタマシンに1回かけてのばし、生地玉にして再び真空機にかけて冷蔵庫でひと晩寝かせる。
3. 翌日取り出して、パスタマシンにかけ、2〜3mm厚さにのばし、カッターで2mm幅に切る。

ティンバッロ ディ マッケローニ

町田武十

ティンバッロの語源は、「ティンパノ（太鼓）」で、太鼓の形をした詰め物料理です。ナポリの郷土料理として有名で、その昔は貴族料理として、今ではお祭りや結婚式の料理として登場します。シチリアでは、名産の米なすを主役にしたティンバッロが存在し、今でも各家庭の味が受け継がれているそうです。丸型を使って底から具材をバランスよく詰めていき、最後は上部表面を充分に押すことで中身の具材が安定します。形よく抜くことを考え、常温で30分以上置いておくと、粗熱がとれてきれいに抜くことができます。型に入らずに余ったソースは別の器で食卓に並べ、切り分けた料理に好みの量を添える食べ方が一般的です。ここでは盛りつけにパプリカを使って、より豪勢に、より華やかにアレンジしてみました。

材料 直径18cm丸型　1台分
ミッレリーゲ（ディ・チェコ）…150g

米なす…3本　塩…適量

オリーブオイル…適量
にんにく（半割りにして芯を取ったもの）…1/2片分
仔牛モモ肉（2cm角切り）…100g
鶏レバー（2cm角切り）…100g
サラミ(みじん切り)…2枚
グリンピース（具材用）…30g
トマト缶（ホール）…200g
バジリコ…4枚
モッツァレラチーズ…50g
ペコリーノ・ロマーノ（すりおろし）…適量

パン粉…適量　茹で玉子…2個
グリーンピース（飾り用）…適量
パプリカ（オレンジ、黄色）…適量
ルッコラ・セルバチカ…適量

作り方
1. ミッレリーゲは、沸騰した湯でボイルする。茹で上がったらザルにあげ、水けをきる。
2. なすは縦に薄くスライスして全体に塩をふり、約30分そのままおく。表面にでた水けとアクを拭き取る。
3. 2は180℃の油で揚げ、なすがほのかに色づいてくったとなるまで火を通す。バットにあげて油をきる。
4. ソースを作る。フライパンに、オリーブオイルとにんにくを入れて火にかけ、にんにくが色づいたら取り出す。仔牛モモ肉と鶏レバーを加えて炒め、サラミ、グリンピース、トマト缶、バジリコを加えて約10分煮込み、ソースとする。【写A】
5. 4に1のパスタとモッツァレラ、ペコリーノを加えて混ぜる。【写B】
6. 丸型に薄くオリーブオイルをぬり、パン粉を全体にまぶす。型の底と側面が隠れるように3のなすを並べる。5の半量を加えて平らにする。【写C】
7. 6の上に、ひと口大にカットした茹で玉子をのせる。残りの5を流して平らにする。残りの3をしき詰めて蓋をし、表面を手でしっかりと押す。【写D】
8. 200℃のオーブンで約20分焼く。30分ほどそのままおいて粗熱をとったあと、型をはずす。
9. 皿に盛って上部にグリーンピースを添え、皿の端をパプリカとルッコラ・セルバチカで飾る。

パスタ ンカッシャータ

町田武十

マカロニ、トマトソース、なす、チーズの4つの素材を層状に組み立ててオーブンで焼き上げたシチリアの郷土料理です。ティンバッロ（P71参照）と同様、人数が集まったときの大皿家庭料理として親しまれています。ここでは長さ約26cmの「ズィーテ」（ラ・ファッブリカ・デッラ・パスタ社）を使い、食べ応えともちっとした食感の楽しさを表現しています。チーズはシチリアの定番「カチョカヴァッロ」を使用。ほか、モッツァレラでもよく合います。なすは米なすのほうが肉厚でより味わい深く、ジューシーに仕上がります。この料理は仕上げに塩加減など味の調整がききません。よって、ソースとパスタの量のバランスがとても重要で、味の決め手になります。ソースは、多めだとやわらかくなりすぎるため、オーブンの熱で水分が飛ぶことを想定して基本よりやや多めくらいにします。

材料 20cm四方の耐熱器　1台分
ズィーテ（ラ・ファッブリカ・デッラ・パスタ社）…250g
バター…50g
にんにく（半割りにして芯を取ったもの）…1/2片分
玉ねぎ…1/2個
トマトホール（缶）…200g
バジリコ…4枚

米なす…5本
カチョカヴァッロ（スライス）…150g
塩…適量
オリーブオイル…適量

作り方
1. ズィーテは手で3等分に割り、沸騰した湯でボイルしたら、ザルにあけて水けをきる。
2. フライパンにバターとつぶしたにんにくを入れて火にかけ、色づいたら取り出す。玉ねぎを加えて炒め、しんなりしたらトマトホールとバジリコを加えて軽く火を通す。
3. なすは縦に薄くスライスして全体に塩をふり、約30分そのままおく。表面にでた水けとアクを拭き取る。
4. フライパンに油を熱し、3の表面を焼く。塩を軽くふる。
5. 耐熱器の内側にバターを薄くぬる。各素材を3等分にし、1、2、4、カチョカヴァッロの順で重ねる作業を2回繰り返す。【写A、B】
6. 5の上に、4、1、カチョカヴァッロを重ね、仕上げに残りの2を表面の数カ所に流す。180℃のオーブンで約20分焼く。【写C】

アネッリーニのアマトリチャーナ

直井一寛

シチリアのパスタで、かわいらしいリング状になっているのが特徴です。小型のもので乾麺があり、スープの浮き身などに使われています。そのパスタの手打ちもあると聞いて興味を持ったのが、このパスタを作り始めたきっかけでした。細くカットした生地を転がして棒状にし、それを人差し指に巻きつけて成形。軽く乾かしてから使います。食べるとくにゅっとして、面白い食感です。ソースは、チーズ系やラグーなど何でも合います。ここでのソースは、アマトリチャーナ。今の帰属はラッツィオ州ですが、かつてはアブルッツォに属していた地域のソースです。

材料 2人分
アネッリーニ（下記参照）…120g

パンチェッタ…50g
玉ねぎ（スライス）…70g
にんにく（みじん切り）…4g
トマト缶…240g
オリーブオイル…適量
タカノツメ…1本
白ワイン…適量

ペコリーノ・ロマーノ（すりおろし）…適量

作り方
1. フライパンにオリーブオイルとパンチェッタを入れ、しっかりとソテーする。
2. 余分な油をきり、玉ねぎ、にんにく、タカノツメを入れ、玉ねぎがしんなりするまでソテーする。
3. 白ワインを注いでフランベし、水分をしっかりと飛ばしたら、トマト缶を入れて、全体が馴染むように煮る。この時に、煮すぎるとソースが重くなるので注意する。
4. アネッリーニは沸騰した湯でボイルする。
5. 4のアネッリーニが茹で上がったら、水けをきって3に加え、ソースと和える。
6. 仕上げにペコリーノをふり入れ、からめてから皿に盛る。
7. 好みでペコリーノをふる。

※アネッリーニ

材料 仕込み量
硬質小麦…500g　水…255g
塩…少々　オリーブオイル…少々

作り方
1. 硬質小麦はふるいにかけ、塩と混ぜ合わせておく。
2. 1に水・オリーブオイルを全体に均一に混ぜ合わせ、軽くまとめる。
3. 軽く練り上げてボールに入れ、乾燥しないようにラップをして、常温に約20分置いて寝かせる。
4. 3を取り出し、生地が馴染んで表面がなめらかになるように練り上げたら、真空機用の袋に入れて真空機にかけ、冷蔵庫で2時間寝かせる。【写a】
5. 袋から出して生地を適当な大きさに切り、厚さ5mm・幅4〜5cmにのばす。【写b】
6. 5mm幅で切り、作業台の上で軽く転がして人差し指に巻きつけ、打ち粉をしたバットにくっつかない様に並べる。【写c、d】

アネッリ マダイとコスモスのビアンコ

杉岡憲敏

リング状の、シチリアのパスタとして知られるアネッリ。現地に行くと、小型のものが乾麺で売られています。このパスタを手打ちにしてみようと考え、ある時、結婚式のパーティで出したところ、結婚指輪にちなんだパスタと思っていただき、たいへん喜ばれたことがあります。ロングパスタと違い、ソースの跳ねも飛びにくいので、華やかなブライダル関係のパーティに向くパスタといっていいでしょう。ここでは結婚シーズンの秋にちなんで、季節の花のコスモスを練り込んでアネッリを作りました。ソースは、シチリアのイメージで魚介を使ったトマト風味のものを合わせました。

材料 1人分
アネッリ（下記参照）…10〜12個(40g)

タイ（小角切り）…10g
トマト（小角切り）…20g
にんにくオイル…5g
コスモスの葉…適量
ホンビノスの汁…30cc
E.X.V. オリーブオイル…適量

コスモスの花…1〜2輪

作り方
1. 沸騰した湯で、アネッリをボイルする。
2. フライパンににんにくオイルを熱し、タイをソテーする。
3. トマトを入れてソテーし、角がとれたぐらいでホンビノス貝の煮汁を入れる。
4. 1が茹で上がったら、水けをきって3に入れ、ソースをからめて塩で味を調える。仕上げにコスモスの葉とオリーブオイルを加える。
5. 皿に盛りつけ、コスモスの花を飾る。

※アネッリ

材料 仕込み量
00粉…400g
強力粉…400g
水…180g
E.X.V. オリーブオイル…60g
コスモスの葉…30g

作り方
1. パスタ生地を作る。材料をすべてボールで混ぜ合わせ、ラップに包んでひと晩寝かせる。
2. 翌日、取り出して軽く練り、パスタマシンでのばす。生地を同じ方向にパスタマシンに入れ、目盛を見ながら数回のばし、3mm厚さにする。
3. 2の生地は、1cm幅の棒状にカットし、5cm長さにする。【写a】
4. 指に巻きつけて端を留め、生地を回しながら指から外す。【写b】

シチリア
Sicilia

パスタ ア ラ ノルマ

杉岡憲敏

カターニャ出身のオペラ作曲家、ヴィンチェンツォ・ベッリーニの代表作『ノルマ』にちなんで名づけられた、シチリアはカターニャ名物のパスタです。具体的に料理内容や曲に由来する名ではなく、地元の人々は素晴らしいものの代名詞として『ノルマ』と呼び、なす、トマト、リコッタとシチリアが名産の素材を使ったこのパスタにも、それが冠されるようになったということです。この料理ではなすは素揚げしますので、なすが吸った油でトマトソースだけだとどうしても重くなりがちです。そこで軽さを出すために、ソースにフレッシュのトマトも加えました。なすも油で揚げる際、高温で火が入るか入らないかくらいで引き上げ、仕上げにオーブンで温めることで、皮は紫色のままで、中はジューシーに仕上げます。これらの手間で、年輩のかたにも美味しくたべていただけます。

材料 2人分
スパゲティーニ…40g
なす…70g
トマト…70g
塩…適量
トマトソース…30g
オリーブオイル…適量
にんにくオイル…10g
パセリのソース（下記参照）…20g
バジルのソース（下記参照）…10g
自家製リコッタ…60g
バジルの葉…適量
トマトの花、なすの花…各適量

作り方
1. なすは、皮を残して3～4cm厚さの輪切りにし、高温の油でさっと揚げて引き上げる。バジルの葉は、色よく素揚げにし、油をきっておく。
2. トマトは湯むきして種を出し、2cm角ほどにカットする。
3. にんにくオイルを熱したフライパンに、2のトマトを入れ、火にかける。
4. トマトがくずれてきたら、トマトソースを加える。【写A】
5. 沸騰した湯にスパゲティーニを入れ、アルデンテになったら引き上げて湯きりし、4のフライパンに入れる。
6. フライパンをあおってソースとパスタをからめる。【写B】
7. 1のなすは、塩をしてオーブンで軽く温める。【写C】
8. 皿にパセリのソースを流し、リコッタをクネル状にしてのせ、トマトの花を飾る。7のなすを置いてその上にパスタを盛り、バジルのソースを添え、なすの花をのせる。1のバジルの葉を飾る。【写D】

カジキマグロとなすのカサレッチェ

仁保州博

カサレッチェは、シチリア生まれのショートパスタ。幅1cm強、長さ6〜7cmほどのパスタで、長辺の両端がくるっと丸まって断面がS字状になっていて、ソースによくからみます。その名の由来は「家で作った」ということらしいのですが、手作りにするには少し手間がかかるパスタですので、私は乾麺を使っています。ソースがよくからみ、茹で時間も短いので、個人的にはペンネよりも好きなパスタです。シチリアらしく、魚介系ソースを合わせたり、シチリア風ペーストなどでからめたりすることが多いようです。羊のラグーでもいいでしょう。ここではシチリアの食材イメージから、カジキマグロ、揚げなす、トマトを組み合わせた一品に、シチリアでよく見られるアーモンドを砕いてちらしました。

材料 6人分

カサレッチェ…300g

カジキマグロ…200g
なす…230g
ミニトマト（1/4カット）…15個分
にんにく…2片
E.X.V. オリーブオイル…適量
貝汁…適量
小麦粉…適量
塩・胡椒…各適量

イタリアンパセリ（みじん切り）…適量
アーモンド（ローストして砕いたもの）…適量

作り方

1. カジキマグロは、適当な大きさにカットし、塩、胡椒をして小麦粉をまぶし、ソテーしておく。
2. なすは適当な大きさにカットし、油で揚げて油を切り、塩をふっておく。
3. 沸騰した湯で、カサレッチェをボイルする。
4. フライパンににんにくとオリーブオイルを入れて火にかけ、オイルににんにくの香りが移ったら、にんにくを取り出し、貝汁を加え温める。
5. カサレッチェが茹で上がったら、湯きりして4に加え、さらに1、2も加えて馴染ませる。
6. 塩とオリーブオイルで味を調えたら、イタリアンパセリを入れて2〜3回フライパンをあおり、器に盛る。アーモンドをふる。

パスタ アラ シラクサーナ

町田武十

日本でイタリア語を学んだ際、講師の先生がシラクーサ出身の方で、この料理を教わりました。同じシラクーサ風でもトマト、アンチョビを合わせる点が特徴です。塩けの強いペコリーノ・ロマーノをたっぷりとかけて濃厚に仕上げますが、生のトマトやパプリカ、塩ケッパーなどが融合してすっきりとした食べ心地です。ポイントはなすの処理です。塩をふって約30分おいて水けを出し、よく拭き取っておきます。具材にそのまま加えるのではなく、別のフライパンを使って、やや多めの油でこんがりと焼くことで、なすの甘みやうま味が引き立ちます。

材料 1人分
スパゲッティ（バリラ社）…80g
米なす（スライス）…1/2個分

オリーブオイル…適量
にんにく（半割にして芯をとったもの）…1/2片分

A
└ 赤玉ねぎ（スライス）…1/4個分
　アンチョビ（みじん切り）…2枚
　黒オリーブ（2等分にする）…6粒分

B
└ トマト（湯むきして角切り）…1個分
　赤パプリカ（細切り）…1/2個分
　ケッパー（塩漬け）…5粒

白ワイン…適量
バジリコ（細かくカットしたもの）…適量
ペコリーノ・ロマーノ（すりおろし）…適量
塩・黒胡椒…各適量

作り方
1. スパゲッティは、沸騰した湯でアルデンテの状態に茹でる
2. なすは、塩をふって置いておき、水分が浮いたら拭き取る。
3. フライパンにオリーブオイルを熱し、2を入れてこんがりと焼く。【写A】
4. 別のフライパンにオリーブオイル、にんにくを入れて火にかけ、香りが出たらにんにくを取り除く。Aを加えてよく炒め、3を加える。
5. 4にBを加えて炒め、白ワインを少量加える。【写B】
6. 1のスパゲッティがアルデンテに茹で上がったら、水けをきって5に入れ、具材とからめる。【写C】
7. バジリコ、ペコリーノを加えて和える。パスタの茹で汁を少々入れてのばし、塩で味を調える。
8. 皿に盛り、黒胡椒、ペコリーノをふってバジリコをちらす。

スパゲッティ アラ シラクサーナ イワシ仕立て

町田武十

この料理はP82の料理と同様、イタリア語講師の方に教わった一品です。本場では定番な家庭料理の一つです。味の決め手は片口イワシです。シチリアではイワシが特産で鮮度が高いため、イワシ料理が多くあります。調理のポイントは、三枚おろしにしたイワシの表面を一度焼いたあと、白ワインを加える点です。このひと手間で魚の臭みが消えます。また、仕上げに塩で味をととのえる前に、パスタの茹で汁を少量加えて火にかけ、イワシのうま味、風味を麺にしっかりと吸わせることが重要で、美味しさを高めるポイントになります。

材料　1人分
スパゲッティ（メヌッチ社）…40g

片口イワシ…200g　オリーブオイル…適量　白ワイン…適量
ミニトマト（4等分にカット）…6個分　ケッパー（塩漬け）…6粒

A
|　モッツァレラ（1cmの角切り）…100g
|　イタリアンパセリ（みじん切り）…適量　ルッコラ・セルバチカ…適量

塩・胡椒…各適量　イタリアンパセリ（みじん切り）…適量
ルッコラ・セルバチカ（飾り用）…適量

作り方
1. スパゲッティは、沸騰した湯でボイルする。
2. 片口イワシは、三枚におろし、両面に塩、胡椒をする。
3. フライパンにオリーブオイルを熱し、2を加えて表面が白くなるまでソテーする。白ワインを注いで火を移し、アルコール分を飛ばす。
4. 3にミニトマト、ケッパーを加えて混ぜる。
5. 1のスパゲッティがアルデンテに茹で上がったら、4に加え、Aを加えて和える。パスタの茹で汁を少々加えてのばしたあと、塩で味を調える。
6. 皿に盛り、イタリアンパセリとルッコラ・セルバチカを添える。オリーブオイルを全体にかける。

フレーゴラ アッレ アルセッレ

新妻直也

サルディーニャの南部を代表するパスタ・フレーゴラ。地元の方言では fregura フレーグラとも言われています。元々は、セモリナ粉と水を専用の器で粒状に仕上げたもので、生地を練って作るパスタとはひと味違います。現地へ行くと、大小、さまざまな大きさ、タイプがあります。ここでは中サイズで食感もよく、少し焦げたような部分が香ばしくて美味しいタイプのものを使いました。アサリなどの2枚貝のだしで煮込むのが定番で、時間短縮のためいったん茹でてからソースにからめたりするなど、調理法にもいくつかあります。

材料 2人分
フレーゴラ…100g

アサリ…20個　にんにく…1片
赤唐辛子…1本　白ワイン…50cc
サフラン…適量
セミドライトマト…ミニトマトサイズで10個分

E.X.V. オリーブオイル…適量　塩…適量

イタリアンパセリ（みじん切り）…適量

作り方
1. 鍋にオリーブオイル、にんにく、赤唐辛子を入れて火にかける。良い香りがでて、にんにくがキツネ色になったらアサリを入れて、軽く炒める。
2. 白ワインを加え、蓋をしてアルコール分を飛ばす。アサリが開いたら火を止めて、煮汁とアサリに分けておく。
3. 別の鍋にオリーブオイルを入れて温め、フレーゴラを入れてリゾットのような感じで軽く炒める。
4. 2で取っておいたアサリの煮汁と、ドライトマト、サフランを加え、ちょうど良い硬さまで煮込む。途中、煮汁が少なくなったらお湯を加え、焦げつかないように気をつける。
5. 仕上げに2のアサリを殻ごと加え、味を調える。
6. 器に盛り、オリーブオイル、イタリアンパセリのみじん切りをふる。

ロリギッタス 仔羊の軽い煮込み ペコリーノ・サルドがけ

直井一寛

サルデーニャの方言で、Loriga（リング）が語源といわれているパスタです。手間も時間もかかるためか、サルデーニャでもほんの一部の地域でしか伝わっておらず、毎年11月1日の諸聖祭、復活祭や年末年始などに食べられているそうです。細くした生地は、人差し指、中指、薬指の3本に2周に巻き付ける。そのまま継ぎ目を持って指から抜き取り、くるくると内側にねじってパスタにします。本来は3〜4日乾かしてから使うそうで、店で作る場合も5〜6時間は乾かしてから使うようにします。茹で時間は15分くらいかかりますが、ソースのからみがよく、つるっとしてもっちりの、独特の食感が楽しい料理です。羊のラグーのほか、ペスカトーレなど合わせられるソースの幅は広いパスタです。

材料 2人分
ロリギッタス（下記参照）…120g

仔羊肉挽き肉…70g
にんにく（スライス）…1片分
唐辛子…1本
オリーブオイル…適量
トマト缶…200g
ペコリーノ・サルド（すりおろし）…適量

作り方
1. 沸騰した湯で、ロリギッタスをボイルする。
2. オイルを熱したフライパンに仔羊肉挽き肉を入れ、水分を飛ばすようにソテーする。火が通ったら、ザルにあけて余分な油をきっておく。
3. フライパンに、にんにくと唐辛子、オリーブオイルを入れて火にかける。にんにくに色がついてきたら、トマト缶をフライパンが熱いうちに入れ、焦がさないように一気に煮詰める。
4. 2の仔羊肉の挽き肉を入れ、塩をして軽く煮込む。
5. 1のロリギッタスが茹で上がったら、水けをきって4に加えて和える。
6. 味を調え皿に盛りつける。仕上げにペコリーノをふりかける。

※ロリギッタス

材料 仕込み量
硬質小麦…500g　水…255g　塩…少々
オリーブオイル…少々

作り方
1. 硬質小麦はふるいにかけ、塩と混ぜ合わせておく。
2. 1に水・オリーブオイルを全体に均一に混ぜ合わせ、軽くまとめる。
3. 軽く練り上げてボールに入れ乾燥しないようにラップをして、常温に約20分置いて寝かせる。
4. 3を取り出し、表面が滑らかになるように練り上げたら、真空機で真空にして冷蔵庫で2時間寝かせる。
5. 生地を適当な大きさに切り、5mm厚さ、4〜5cm幅にのばす。【写a】
6. 5を5mm幅に切り、手の平で直径3〜4mmの棒状にのばす。太さは好み。【写b】
7. 6を人差し指、中指、薬指の3本に2重に巻きつけ、反対の指でねじり、網の上にのせ、乾かす。できれば、5〜6時間乾燥させてから使う。【写c】

カジキマグロとトマトのマロレディウス

今井　寿

サルデーニャのショートパスタで、別名ニョケッティ・サルディ。小さく切ったパスタ生地を、ニョッキボードに押しつけて転がし、スジをつけます。その形だけでなく、このパスタの特徴はサルデーニャ産のサフランを使うこと。色鮮やかな色彩が、トマトのソースなどと合わせると皿の中で映えます。ここでは、南イタリアでよく使われるカジキマグロをメインの具材として使い、ガルムで味を引き立てました。塩味として、ボッタルガをおろしかけても美味しくなります。

材料

マロレディウス（下記参照）…240g

カジキマグロ（小角切り）…180g
プチトマト（ハーフカット）…8個分
にんにく（つぶしたもの）…2個分
E.X.V. オリーブオイル…適量
白ワイン…80cc
ガルム…小さじ1
塩・胡椒…各適量

イタリアンパセリ…適量
バジリコ・ペースト（バジリコの葉30g、E.X.V. オリーブオイル15cc）…少々

作り方

1. フライパンにオリーブオイルとにんにくを入れて火にかけ、にんにくがきつね色になったら取り出し、カジキマグロを入れて炒める。
2. 魚に火が入ったら、プチトマトを入れて軽く炒める。
3. 白ワインとガルムを入れ、軽く煮込んでソースとする。
4. 沸騰した湯で、マロレディウスをボイルする。
5. パスタが浮いてきたら、取り出して湯きりし、3のフライパンに入れてソースをよくからめる。
6. 塩、胡椒で味を調え、オリーブオイルを回しかけ、器に盛る。イタリアンパセリを飾る。材料をミキサーで回したバジリコ・ペーストをふる。

※マロレディウス

材料

薄力粉…160g
サフラン（パウダー）…0.3g
水…80cc

作り方

1. 材料を全て混ぜ合わせ、よく練ったら、ラップをかけて常温で30分ほど置いておく。
2. 生地をステンレス台などの上に取り出してカットし、転がして棒状にのばす。【写a】
3. 生地は1cm長さほどにカットし、ニョッキボードの上で、親指で押しつけるようにして奥に転がし、成形する。【写b】

ニョケッティ　ブルーベリー&
ピリ辛ペコリーノチーズソース

渡辺武将

ニョケッティは直訳で「小さなニョッキ」ですが、実はサルデーニャのパスタで、正式にはニョケッティ・サルディです。見た目にも印象的な色は、そのパスタに組み合わせた国産のフレッシュなブルーベリーから出た色素です。ワインとの相性を好くするため、パスタにあまり使われないブルーベリーを使い、唐辛子入りのペコリーノ・ピカンテを組み合わせました。クリーミーな中に辛さもあるペコリーノと、甘酸っぱいブルーベリーはよく合います。ニョケッティに使う粉は、モッチリとした食感を出すため、岩手産の南部小麦をセレクト。うどん粉なので、弾力ある生地になります。ブルーベリーとの調和を考え、グルテンを控えるため塩は加えず、粉と水だけで作るのもポイント。この手法はシチリアのシェフに教えてもらいました。

材料 1人分
ニョケッティ（下記参照）…60g

ブルーベリー…20粒
バター…10g（ソース用、仕上げ用各5g）
塩…ひとつまみ
水道水…90cc

ペコリーノ・ピカンテ…40g
パルミジャーノ（すりおろし）…5g

ブルーベリー（トッピング用）…適量

作り方
1. 沸騰した湯で、ニョッキボイルする。【写A】
2. 鍋にブルーベリー、バター、塩、水を入れて火にかけ、煮詰める。【写B】
3. 1が茹で上がったら、水けをきって2に加え、ソースとからめる。【写C】
4. 火からおろしてペコリーノ・ピカンテを加え、余熱で溶かしながらからめる。【写D】
5. さらにパルミジャーノ、バターを加えてさらにからめ、器に盛る。ブルーベリーを飾る。

※ニョケッティ

材料（仕込み量）
岩手産南部小麦（中力粉）…200g
水…100cc

作り方
1. 材料を全て混ぜ合わせ、冷蔵庫でひと晩寝かせる。【写a】
2. オーダーごとに生地を直径1cmほどの棒状にのばし、3cm長さほどにカットする。【写b】
3. 2の生地はニョッキボードに親指で押さえて引き、筋をつけながら丸める。【写c】

娼婦風ヴェルミチェッリ

直井一寛

ヴェルミチェッリは、イタリアでは15世紀頃から記録に残っているという、歴史あるパスタ。南の地方で、船旅の保存食にされたため、乾麺です。今日では極細のパスタとしても知られますが、昔ながらのイメージでスパゲッティよりやや細いロングパスタとして出しているメーカーもあります。ここで使ったのも昔ながらのヴェルミチェッリです。太さがあり、味のしっかりした酸味のきいたソースが合うので、ソースにも南が発祥のプッタネスカを選びました。唐辛子の辛み、ケッパーの酸味とオリーブのコクがきいたソースで、主張の強いパスタともよく合います。

材料 2人分
ヴェルミチェッリ…140g

ブラックオリーブ（みじん切り）…30g
グリーンオリーブ（みじん切り）…30g
ケッパー…8g　アンチョビ（ペースト）…適量
にんにく（スライス）1片分　唐辛子（スライス）…1本分
オリーブオイル…適量　トマト缶…20g

作り方
1. 沸騰した湯で、ヴェルミチェッリをボイルする。
2. フライパンに、にんにく、唐辛子とオリーブオイルを入れ、火にかける。
3. にんにくが色づいてきたら、トマト缶とオリーブ、ケッパー、アンチョビペーストを入れ、オリーブの味がトマトに移るように火を入れていく。
4. 1のヴェルミチェッリがアルデンテになったら、水けをきって3に入れ、ヴェルミチェッリにソースを吸わせるように火にかけていく。
5. 味を調え、皿に盛りつける。

Chapter 2
中部イタリアの パスタ

Centrale

パッパルデッレ 鴨のラグー

仁保州博

幅2～3cmのパッパルデッレは、トスカーナの伝統的に用いられているパスタです。語源となったパッパーレ（papappare）は、「たらふく食べる」「食いしん坊」といった意味で、そこからも想像できるように、濃厚なソースを合わせて食べごたえのある一品に仕上げるのが基本。ウサギや猪のラグーを合わせることが多く、トスカーナあたりの冬場の定番パスタといえるでしょう。ここでは、猪と双璧の鴨のラグーを合わせました。鴨のラグーは、私は最初から挽き肉を使うのではなく、丸ごと1羽を煮込んでいく手法を習いました。猪の場合も、塊で煮込んで、後から肉をほぐします。こうすることで、骨からもうま味が出て濃厚な味わいに仕上がります。とにかく豪快に作って豪快に食べましょう。

材料 2人分
パッパルデッレ…100g

鴨肉のラグー（下記参照）…約200g

塩…適量
イタリアンパセリ（みじん切り）…適量
パルミジャーノ（すりおろし）…適量

作り方
1. 沸騰した湯で、パッパルデッレをボイルする。
2. 鴨肉のラグーは、フライパンに入れて温める。
3. パッパルデッレが茹で上がったら、湯きりして2のフライパンに入れ、ソースを馴染ませる。
4. 塩で味を調え、イタリアンパセリを入れてフライパンをあおる。
5. 器に盛りつけパルミジャーノをふる。

※鴨肉のラグー

材料 仕込み量
鴨…1羽（1.5～1.8kg）
玉ねぎ（細切り）…360g
人参（細切り）…70g
セロリ（細切り）…70g
ローリエ…2枚
トマトホール（果肉）…500g
トマトホール（汁）…500g
ブロード・ディ・ポッロ…1.5ℓ
赤ワイン…500g
E.X.V. オリーブオイル…適量
塩・胡椒…各適量

作り方
1. 鍋でオリーブオイルを熱し、玉ねぎ、人参、セロリを入れてソテーする。
2. 鴨は丸ごと塩、胡椒をし、オイルを熱したフライパンで表面を焼き固める。
3. 鴨はいったん取り出してフライパンの余分な油を捨てる。再び鴨を戻して赤ワインを注ぎ、火にかけてアルコール分を飛ばす。
4. 1の鍋に3、ローリエ、トマトホールの果肉と汁、ブロードを加えて煮込む。
5. ソースにしっかり味がのったら、鴨肉のみ取り出し、骨と肉に分け、肉のみソースの中に戻して馴染ませる。

中部イタリア
CENTRALE

パッパルデッレ トリッパとひよこ豆の
ピリ辛トマト和え パッパルデッレの器で

渡辺武将

パッパルデッレはボリュームのある麺なので、これだけでは単調になるため、食感の変化も提案したいと考案しました。茹でてバターソースで食べてもらう料理に、リング状にしたパッパルデッレを揚げて器に仕立て、トマトソースで煮たトリッパと豆を入れて添えました。普段からパッパルデッレの端を揚げてパウダーシュガーをかけ、小菓子として提供していたので、それをパスタ料理にアレンジした形です。通常は4mm〜6mm幅のところを、器を作るため1.5倍の1cm幅にカット。揚げ油はサラダ油とオリーブオイルをブレンドしています。オリーブオイルを加えると沸点が230℃まで上がり、油の持ちもよくなりますので、結果的にコストパフォーマンスは悪くありません。

材料 1人分
パッパルデッレ（下記参照）…60g
パッパルデッレの器（下記参照）…1個

バター…20g（ソテー用10g、仕上げ用10g）
パルミジャーノ（すりおろし）…20g

トリッパ…80g　ひよこ豆…20粒
E.X.V. オリーブオイル…適量　にんにく…適量　唐辛子…適量
白ワイン…10cc　トマトソース…20cc

松の実…少々　胡椒（粗挽き）…少々　ミント…少々

作り方
1. 沸騰した湯で、パッパルデッレをボイルする。
2. 1が茹で上がったら水けをきり、ボールに入れ、バター、パルミジャーノを加えてからめる。
3. フライパンにオリーブオイルを入れて火にかけ、にんにく、唐辛子を加えて香りが出たらトリッパ、ひよこ豆、白ワイン、トマトソースを入れて煮込む。仕上げにバターを加える。
4. 皿に2を盛りつけ、松の実を飾り、全体に胡椒をふる。
5. パッパルデッレの器を並べ、3を入れ、ミントを飾る。

※パッパルデッレ

材料 仕込み量
薄力粉…1kg　卵…7〜8個　塩…2g

作り方
1. 材料を全て混ぜ合わせ、冷蔵庫でひと晩寝かせる。
2. 翌日取り出し、生地をパスタマシンで2mm厚さ程度にのばす。【写a】
3. 幅1cm前後、長さ14cmにカットする。【写b】

※パッパルデッレの器

作り方
1. パッパルデッレは生地の両端を指で貼り付ける。【写c】
2. 180℃の油で揚げる。トングを円の中心に差し込んでクルクルまわしながら円の形を整えながら揚げる。【写d】

トスカーナ
Toscana

ピチ ソーセージとクルミのソース

今井 寿

ピチは、私が1987年にシエナに行ったとき、ある家庭でおばあちゃんが作ってくれ、食べて感動したパスタで、ぜひ日本に紹介したいと帰国後から作っています。生地に卵は使わず、粉と塩、油脂、水だけで、手で細長くのばして作ります。まるで讃岐うどんのような食感が特徴です。油脂は、基本的にはラード。オリーブオイルを使う人もいます。ポイントは打ち粉をしないでのばすこと。またのばしたものは乾燥しやすいので、濡れ布巾などをかけて保存するようにします。サルシッチャを使ったこのソースも、最初に食べた時のものです。オリーブオイル使うのに、仕上げにバターを加える点がユニークです。また、ピチは太目なので、味をしっかりとのせるために、ソースの中で煮込んで味を吸わせるように作ります。ちなみにこのパスタは、ローマにも似たものがあり、「トカゲの尻尾」ともいわれます。

材料 2人分
ピチ（下記参照）…160g

サルシッチャミート…120g
玉ねぎ（スライス）…80g
ブロード・ディ・ポッロ…260cc
E.X.V. オリーブオイル…適量
無塩バター…40g
くるみ（炒ったもの）…60g
塩・胡椒…各適量

ペコリーノ・ロマーノ（すりおろし）…少々
イタリアンパセリ…適量

作り方
1. フライパンに E.X.V. オリーブオイルを熱し、玉ねぎを炒める。
2. しんなりしたら、サルシッチャミートを加えて炒める。【写A】
3. 肉に火が通ったらブロードを注ぎ、煮込む。
4. 沸騰した湯で、ピチをボイルする。
5. パスタが浮いてきたら、取り出して湯きりをし、水分が残る2の鍋に入れ、ソースを吸わせる感覚で煮込む。【写B】
6. 汁けがなくなったら塩・胡椒で味を調え、くるみとバターを加え、火からおろしてフライパンをあおり、余熱でバターを溶かしながらパスタにからめる。【写C】
7. 器に盛りつけ、ペコリーノをふりかける。イタリアンパセリを飾る。

※ピチ

材料
薄力粉…100g
ラード…5g
水…50〜60cc
塩…少々

作り方
1. 材料を全て混ぜ合わせ、よく練ったら、ラップをかけて常温で30分ほど置いておく。
2. 生地をステンレス台などの上に取り出し、細く切り、両手の平で転がしながら15cm長さにのばし、ピチにする。【写a】

トスカーナ TOSCANA

ストラッチ イベリコ豚とポルチーニ茸のラグー

直井一寛

布の端切れ（straccio）に由来するストラッチは、その名の通り、のばした生地の切れ端で作るパスタです。トスカーナを中心に、西はリグーリア、東はマルケ、アブルッツォ、モリーゼあたりまでの地域で食べられていて、州によって微妙に名前が変わります。私はトスカーナで食べました。四角く面積のあるパスタですから、日本人の好む食感に合わせてワンタンの皮のようにつるっとさせたいので、私はフェットゥッチーネよりも薄い0.5～0.9mm厚さに仕上げます。基本は卵を加えますが、あえて水のみで作る生地であれば少し厚めでもいいでしょう。「布切れ」らしく、カットの形は不揃いにします。基本は濃いソースと合わせますので、カルボナーラやラグー、ゴルゴンゾーラのソースなどを組み合わせるのが一般的です。

材料 2人分
ストラッチ（下記参照）……120g

イベリコ豚のラグー（下記参照）……適量
生クリーム……適量

パルミジャーノ（すりおろし）…適量
粗挽き胡椒…適量
イタリアンパセリ（みじん切り）…適量

作り方
1. ポルチーニ茸は、掃除をして食べやすい大きさに切り、オイルを熱したフライパンでソテーしておく。【写A】
2. 沸騰した湯で、ストラッチをボイルする。
3. フライパンに、肉を軽くほぐしたイベリコ豚のラグーと1のソテーしたポルチーニ茸を入れ温めたら、生クリームを加える。【写B】
4. 1が茹で上がったら、水けをきって3に入れ、ソースと和える。【写C】
5. 状態と味を調えて皿に盛りつけ、パルミジャーノと粗挽き胡椒、イタリアンパセリをふる。

※イベリコ豚のラグー

材料 仕込み量
イベリコ豚肩肉…1kg　ポルチーニ茸…適量
玉ねぎ（みじん切り）…1kg　人参（みじん切り）…200g
セロリ（みじん切り）…100g　小麦粉…適量
ブレンドオイル…適量　塩・胡椒…各適量　白ワイン…適量

作り方
1. 玉ねぎ、人参、セロリは、多めのブレンドオイルでじっくりとソテーしてソッフリットを作る。
2. イベリコ豚肩肉は、ぶつ切りにして塩、胡椒をし、20～30分おいて馴染ませる。
3. 2に小麦粉をつけて、フライパンであまり色をつけ過ぎないようにソテーする。ザルにあげて余分な油をきる。
4. 1と3を鍋に入れ、白ワインと水を入れて火にかける。
5. アクと余分な油を引きながら、やわらかくなるまで煮込んで仕上げる。

※ストラッチ

材料 仕込み量
セモリナ粉…400g　硬質小麦…100g
全卵…260g　塩…適量
オリーブオイル…適量

作り方
1. 硬質小麦はふるいにかけ、塩と合わせておく。
2. 1に水・オリーブオイルを全体に均一に混ぜ合わせ、軽くまとめる。
3. 軽く練り上げてボールに入れ乾燥しないようにラップをして、常温に約20分置いて寝かせる。
4. 3を取り出し、表面が滑らかになるように練り上げたら、真空機で真空にして冷蔵庫で2時間寝かせる。
5. 4の生地を取り出して、パスタマシンで0.5～0.9mm厚さにのばす。
6. パイカッターで不規則な形にカットする。

そば粉のタリアテッレ ランプレドット和え

飯出晃一

そば粉を使うのパスタというと、イタリアではピエモンテで多く見られ、タリアテッレにされますが、これはフィレンツェで食べた料理です。そのときはトマト味で、牛のいろいろな部位の内臓が具として使われていました。その料理をベースしたのが、このパスタです。トスカーナではランプレドット、ギアラやセンマイの煮込みをパンに挟んで食べたりしますので、パンをパスタに代えるイメージで作った一品です。ソフリットとブロードでシンプルに炊き上げたものをソースにしました。

材料 4人分
そば粉のタリアテッレ（下記参照）…400g

ランプレドット（下記参照）…150g

パルミジャーノ（すりおろし）…適量
パセリ（みじん切り）…敵量

作り方
1. 沸騰した湯で、タリアテッレをボイルする。
2. ランプレドットは、フライパンに移して温める。
3. 1は茹で上がったら水けをきり、2のソースをからめて器に盛る。パルミジャーノとパセリをふる。

※ランプレドット

材料
牛ギアラ…500g
玉ねぎ（みじん切り）…1個分
にんにく（みじん切り）…1片分
ブロード・ディ・ポッロ…1ℓ
白ワイン…300cc
ローリエ…2枚
E.X.V. オリーブオイル…適量
塩・胡椒…各適量

作り方
1. 牛ギアラは水に入れて2時間下茹でし、汚れを洗い流してひと口大にカットする。
2. にんにくと玉ねぎ、オリーブオイルを鍋に入れて火にかけ、ソフリットを作る。
3. 1を入れ、ブロードと白ワインを注ぎ、ローリエを入れ、1時間半ほど煮込んで塩、胡椒で味を調える。

※そば粉のタリアテッレ

材料
セモリナ粉…25g
そば粉…75g
薄力粉…150g
卵…1個
卵黄…5個
塩…適量
E.X.V. オリーブオイル…適量

作り方
1. 材料をすべてボールで合わせてよく練り、ラップをして冷蔵庫で1時間ほど寝かせる。
2. 取り出して手で平らにのばし、パスタマシンにかける。1〜1.5mm厚さにのばしたら、1cm幅にカットし、タリアテッレとする。

テスタローリー

今井　寿

トスカーナ地方の北の端のルニジャーナに伝わる料理という人もいますが、地域的にリグーリアともエミリア＝ロマーニャにも接していて、それぞれの影響を受けていそうなパスタです。専用の浅鍋を使って焼くこのパスタ。分かりやすく言うと、まるで餃子鍋のような蓋つき鍋に、広島焼きの生地のようなシャバシャバの生地を流して焼いたもの。まるでクレープのようなパスタです。それをカットして、ソースをかけて食べます。ここではフライパンを使い、1〜2mm厚さに焼きました。茹でて皿に盛りますが、焼きたてはそのままでもでも大丈夫。ソースはペスト・ジェノヴェーゼが一般的です。意外なことに、冷めても美味しいパスタです。

材料　4人前
強力粉…200g
水…約500cc
塩…少々
E.X.V. オリーブオイル…少々

ペスト・ジェノヴェーゼ（下記参照）…90cc
パルミジャーノ（すりおろし）…適量
バジル…適量

作り方
1. 強力粉、水、塩を合わせ、裏漉しをして約30分常温で置き、馴染ませる。【写A】
2. テフロンパンに軽くオリーブオイルをぬり、2mmくらいの厚さに1の生地を入れ、片面に焼き色をつけたら、裏返して軽く焼き、取り出す。【写B】
3. ひし形にカットする。【写C】
4. 沸騰した湯に3を入れてさっと茹で、よく水分をきる。焼きたては、茹でなくてもよい。
5. 器に、半量のジェノベーゼとパルミジャーノをちらし、4をのせ、残り半量のジェノベーゼとパルミジャーノをちらす。少量のE.X.V. オリーブオイルを回しかける。バジルを飾る。

※ペスト・ジェノヴェーゼ

材料
松の実（煎ったもの）…20g
にんにく…1片
パルミジャーノ…60g
バジリコの葉…120g
E.X.V. オリーブオイル…100cc

作り方
1. ミキサーは、冷蔵庫などに入れてよく冷やしておく。
2. 松の実、にんにく、パルミジャーノをミキサーに入れる。
3. バジリコの葉も入れたら、オリーブオイルを注ぐ。
4. 最初は軽く、馴染んだら通常のスピードで回す。熱でバジリコが変色するので、必要以上に回さないよう注意する。

かぼちゃを詰めたトルテッリ ポルチーニ茸のトリフォラート添え

渡邊宏也

かぼちゃを詰めたパスタは、冬の北イタリアでよく見られる料理。ピエモンテや、エミリア＝ロマーニャでは帽子型のカペレッティにしたパスタが有名です。この料理はトスカーナで見つけた料理。生地は、粉を少し多めにしたじゃが芋の生地で、ひじょうにやわらかいのが特徴。それをやや厚め3mmほどにのばし、リコッタと合わせたかぼちゃを詰めます。ソースはバターとパルミジャーノを合わせたもの。チーズの塩けが、かぼちゃの甘みを引き立てます。なおつけ合わせのポルチーニは、高温で焼くと、より香りが立ちます。

材料 4人分
かぼちゃのトルテッリ…（下記参照）…20個

ブロード・ディ・ポッロ…240cc
バター…100g　塩・胡椒…各適量

ポルチーニ（スライス）…200g
にんにく（みじん切り）…少々　オリーブオイル…適量

パルミジャーノ（すりおろし）…適量　黒胡椒…適量

作り方
1. テフロンパンににんにくとオイルを熱し、ポルチーニを色よくソテーしておく。
2. 沸騰した湯で、トルテッリを茹でる。
3. フライパンにバターとブロードを入れて火にかけ、沸騰したら塩、胡椒で味を調え、茹で上がった2を入れてからめる。
4. 器に盛り、1を添える。パルミジャーノをふり、胡椒をちらす。

※かぼちゃのトルテッリ

材料 仕込み量
＜パスタ生地＞
　じゃが芋（塩茹でし裏漉ししたもの）
　　…400g
　強力粉…280g
　コーンスターチ…40g
　卵黄…1個分

＜詰め物＞
　かぼちゃ…400g
　リコッタ…200g
　パルミジャーノ（すりおろし）…少々

作り方
1. じゃが芋、強力粉、コーンスターチ、卵黄をボールで合わせる。練らないように注意し、まとめてパスタ生地とする。
2. 詰め物を作る。かぼちゃは皮と種を取り、蒸し器で蒸す。
3. 2はフードプロセッサーにかけて別ボールに出し、リコッタ、パルミジャーノと合わせ、塩、胡椒で味を調える。
4. 1の生地は、パスタマシンで3mm厚さにのばし、セルクルで抜く。【写a】
5. 3を絞り袋に入れ、4の生地に絞る。【写b】
6. 溶き卵をハケでぬり、生地を手前から向こうに折りたたんで半月型にしたら、指で押して中の空気を出す。【写c】
7. 生地の両端を手前でつけてトルテッリ型に成形する。【写d】

トスカーナ
Toscana

スパゲッティ カレッティエッリ

仁保州博

トスカーナはフィレンツェ名物のパスタで、地元の多くのトラットリアで見られます。具の入らないシンプルなトマトソースパスタで、分かりやすく言うとスパゲッティ・アラビアータです。「carrettiera（馬車引き夫）」の名の通り、馬車引きが冬に体を温めるために作られたという由来から、特ににんにくと唐辛子をきかせる点が特徴です。修業時代、仕事終わりで小腹が空いたとき、このパスタをトラットリアで食べたり、店のシェフに作っていただいたりしていました。ささっと作れて美味しく、誰もが大好きなパスタだと思います。パスタはフェデリーニを使っても美味しく作れます。また、シチリアやローマでも同じ名の料理があるそうです。ここでは唐辛子の風味をきかせるために、新潟産の「かんずり」を少し使ってアレンジしました。

材料 5人分
スパゲッティ…250g

唐辛子…1本
にんにく（みじん切り）…2片分
ミニトマト（1/8カット）…6個分
トマトソース…300〜350g
かんずり…10〜15g
E.X.V. オリーブオイル…適量
塩…適量

作り方
1. スパゲッティは、塩分濃度1％の湯でボイルする。
2. 唐辛子、にんにくとオリーブオイルをフライパンに入れて火にかける。
3. にんにくが色づいてきたら、ミニトマトとトマトソースを入れて温め、塩で味を調える。
4. スパゲッティがアルデンテになったら、取り出して湯きりし、3のフライパンに入れ、かんずりも加えて和える。
5. オリーブオイルを加えて馴染ませたら、器に盛りつける。

ポルチーニ茸とホタテ貝のリゾーニ トリュフ掛け

直井一寛

極小のパスタで、一見するとお米のような形から、リゾーニとよばれているパスタです。日本ではバリラ社の製品が有名です。よく見るときれいな紡錘形で、お米と間違えて食べると、つるっとした心地好い食感に驚かされます。トスカーナなどでは、パスタのソースとして、海の素材のアサリに、山の素材のポルチーニを合わせたりします。そのアサリをホタテに変えて作りました。アサリを使ったものだとチーズは入れませんが、ホタテはチーズと合うので、入れて粘りを出し、リゾットのニュアンスに仕上げました。

材料 2人分
リゾーニ…100g

ポルチーニ茸…120g
玉ねぎ（みじん切り）…50g
ホタテ貝…2個　アサリ汁…適量
カツオだし汁…適量　生クリーム…70g
バター…適量　サラダ油…適量
白ワイン…適量　トリュフペースト…適量

トリュフ…適量

作り方
1. ポルチーニ茸とホタテ貝は、掃除して食べやすい大きさに切る。
2. 1のポルチーニ茸は、バターとサラダ油を熱したフライパンでソテーし、白ワインでフランベしておく。
3. 沸騰した湯で、リゾーニをボイルする。
4. フライパンにバターを熱し、玉ねぎを入れて甘みが出るようにソテーしたら、2と1のホタテ貝、アサリ汁、カツオだし汁を入れる。
5. ホタテ貝に火が入ったら取り出し、残りは煮詰める。
6. 3のリゾーニが茹で上がったら、水けをきって5に加え、生クリームを入れて、リゾットを作る要領で仕上げていく。
7. 仕上げに5で取り出したホタテ貝を戻し、火を消してトリュフペーストを入れ仕上げる。
8. 皿に盛りつけ、トリュフを削りかける。

タリアテッレ ボンゴレ アンコーナ風

仁保州博

イタリア中部でアドリア海に面したマルケ州。実はここには、名物とされるパスタはあまりありません。ただ、古代ギリシャの頃から栄えてきた州都・アンコーナなどのような港湾都市では貝類がよく食べられています。特に、ムール貝やアサリがよく食べられていて、まるで郷土料理といってもいいくらいです。ボンゴレは、本来はローマの料理として有名で、日本でもメジャーなパスタです。今ではカフェでも見られたりします。そうした料理とは一線を画すために、やはりアサリはたっぷりと使いたいもの。パスタと同量くらいのボリュームです。このパスタには幅広のタリアテッレを使い、アサリのだしをしっかりとパスタに吸わせるようにします。ミニトマトと仕上げのイタリアンパセリは、必ず使ってください。

材料 2人分
タリアテッレ…100g

アサリ…300g
にんにく（半割り）…1片分
プチトマト…5個
水…適量　白ワイン…少々
E.X.V. オリーブオイル…適量
塩・胡椒…各適量

イタリアンパセリ（みじん切り）…適量

作り方
1. フライパンに水と少量の白ワイン、アサリを入れて火にかけ、蓋をして加熱する。
2. アサリの殻が開いたら、取り出す。アサリのだしは取っておく。
3. 別のフライパンで、にんにくとオリーブオイルを入れて火にかけ、香りが出たらにんにくを取り出し、2のアサリのだしを入れる。
4. 沸騰した湯で、タリアテッレをボイルする。
5. 4が茹で上がったら、湯きりして3のフライパンに入れ、ソースとからめる。
6. プチトマトと3で取り出したアサリを入れてパスタとからめる。
7. オリーブオイルをかけて和え、胡椒をふり、味を調える。
8. 器に盛りつけ、イタリアンパセリをちらす。

ラッツィオ
Lazio

ブカティーニ アッラ アマトリチャーナ

町田武十

アマトリチャーナはラツィオ州の伝統料理で、イタリアの代表的なトマトベースのソースです。ローマの北東に位置する町・アマトリーチェが名称の由来といわれ、ローマ方言で「マトリチャーナ」ともいいます。アマトリチャーナの基本は、グアンチャーレを用いますが、脂分が多いため、そのまま使うと油っぽいパスタに仕上がってしまいます。よって、単体で充分に炒めて脂分を落としておくことが重要です。また、玉ねぎは繊維にさからってスライスすることで、より甘みが出て、ほどよい食感も活かすことができます。ラツィオ州では塩けの強いチーズを料理に使うことが多く、ペコリーノ・ロマーノのほか、リコッタ・サラータなどでもよく合います。

材料 1人分
ブカティーニ…70g
グアンチャーレ（1cm幅カット）…30g　オリーブオイル…少々

にんにく（半割りして芯を取ったもの）…1片分
赤唐辛子（種をとって刻んだもの）…少々
玉ねぎ（スライス）…1/2個分
トマトソース（189ページ参照）…80g
ペコリーノ・ロマーノ（すりおろし）…適量

ペコリーノ・ロマーノ（スライス）…適量　黒胡椒…適量

作り方
1. ブカティーニは、沸騰した湯でボイルする。
2. フライパンにグアンチャーレを入れて火にかけ、弱火でじっくりと炒めて脂を落とす。
3. 別のフライパンにオリーブオイル、にんにく、赤唐辛子を入れて火にかける。香りが出たらにんにくを取り出し、玉ねぎを加えてしんなりするまで炒める。
4. 3に、2のグアンチャーレ、トマトソースの順で加えて混ぜる。
5. ブカティーニが茹で上がったら、水けをきって4に加え、ソースとからめる。ペコリーノを加えて全体を和える。
6. 皿に盛り、ペコリーノと黒胡椒をちらす。

ラッツィオ
LAZIO

仔羊の白ワイン煮込み新生姜風味ソースのトンナレッリ カルチョフィのユダヤ風添え

加藤政行

四角い断面で、まるでうどんのようなトンナレッリは、ラッツィオの手打ちパスタ。キタッラに似ていますが、トンナレッリは専用の道具を使わず庖丁で切っているそうです。そのためか、キタッラよりもやや太めです。デュラム粉も配合されているため、食感は硬くもちもちと弾力も強いのが特徴です。私はカットした麺線を袋に入れて手でもみ、縮れさせたものをよく使います。比較的強めで個性的なソースと合わせることが多く、この料理のように仔羊のソースともよく合います。上にのせたのは、アーティチョークのユダヤ風煮込み。古いレストランに行くと出てくる、保存食のようなものです。ローマのユダヤ人街で食べられていたため、この名がついたそうです。

材料 2人分
トンナレッリ（右記参照）…180g

仔羊の白ワイン煮込み新生姜風味ソース（下記参照）…約200cc
カルチョフィのユダヤ風添え（下記参照）…2個
イタリアンパセリ（みじん切り）…適量

作り方
1. 沸騰した湯でトンナレッリをボイルする。
2. 仔羊のソースは、フライパンで温める。
3. 1のトンナレッリが茹で上がったら、引き上げて湯きりし、2に加えて和える。
4. 皿に盛りつけ、温めたカルチョフィをのせ、イタリアンパセリをちらす。

※トンナレッリ

材料 2人分
デュラム粉…100g　00粉…10g
水…60～70ml　E.X.V. オリーブオイル…適量
塩…ひとつまみ

作り方
1. すべての材料を混ぜ合わせて練り込み、丸めてボールに入れ、ラップをして冷蔵庫でひと晩休ませる。
2. 取り出して2mm厚さにのばし、2mm幅でカットする。
3. 2をほぐしたら、手でもみ込み、縮れパスタにする。

※仔羊の白ワイン煮込み新生姜風味ソース

材料 4人分
仔羊肩バラ肉（塊肉）…300g　玉ねぎ（乱切り）…50～70g
人参（乱切り）…50～70g　セロリ（乱切り）…50～70g
フラスカティ…100cc　ブロード・ディ・ポッロ…50cc
フンギ・セッキ…3g（戻し水100cc）
ローズマリー…1本　ローリエ…1枚
新生姜の絞り汁…20cc　塩・胡椒…各適量

作り方
1. 鍋で玉ねぎ、人参、セロリをE.X.V. オリーブオイル（分量外）でソテーしソフリットを作る。
2. 仔羊肩バラ肉は、塩・胡椒をしてフライパンでソテーする。
3. 1の鍋に2の肉を入れ、2のフライパンにはフラスカティ少々（分量外）を入れてうま味をこそげ取り、1の鍋に入れる。
4. 鍋にフラスカティ、ブロード、フンギ・セッキと戻し水、ローズマリーを入れ、沸騰したら蓋をして、2時間を目安に煮込む。
5. 仔羊を取り出して、カットしてから鍋に戻し、新生姜の絞り汁を加えて仕上げる。

※カルチョフィのユダヤ風添え

材料 2人分
カルチョフィ…2個
フラスカティ…100cc
E.X.V. オリーブオイル…100cc
レモン…1/4個
塩…適量

作り方
1. カルチョフィは掃除をしておく。
2. 蓋のできる深鍋に、1と残りの材用をいれ、150℃のオーブンで30分ほど煮る。

生粋モダン

和のパスタ、日本(NIPPON)の小麦粉

KISSUI

国内産小麦100％。

香川県産
「さぬきの夢」と
国内産強力小麦の
美味しさを融合。

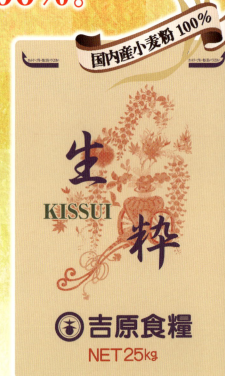

国内産小麦粉100％

生粋 KISSUI
NET 25kg
吉原食糧

～和のパスタ、日本(NIPPON)の小麦粉～
「生粋(きっすい)モダン」の特徴

国内産小麦粉を100％使用。近年の日本人の生パスタ嗜好性に適合する「弾む(はず)弾力感」と「小麦の風味」を実現した小麦粉です。

1. ソースが良く絡むなめらかな麺
2. 一口目の最初の印象はもちもち食感
3. 噛むごとに感じる麺の中心部の強い弾力感
4. 強い小麦の風味

一般の製麺機(うどん、ラーメン)でも製麺できます。

さぬきの製粉会社　～創業 明治35年～

吉原食糧(株)

〒762-0012　香川県坂出市林田町4285-152

資料のご請求・お問い合わせは
TEL 0877-47-2030
E-mail:biz88@flour-net.com
http://www.flour-net.com

フェットチーネ 筍のカルボナーラ 木の芽の香り

ラッツィオ LAZIO

浅井 努

カルボナーラ発祥の地・ローマ。あちこち食べ歩いた中で感動した、生クリームを使わず卵にしっかりチーズを入れて仕上げたカルボナーラを、ベースにしました。生クリームが入らないのでコクがあるのに軽く、スクランブルエッグ風にしているのも南のカルボナーラの特徴です。生卵と火を入れた玉子とでは美味しさの種類が違い、私は火を入れたときの玉子の味が好きで、より玉子の風味も感じられると思います。このため卵は熱々のオイルにからめて、余熱でしっかり火が入るように計算しています。パンチェッタはカリカリに焼かず、キツネ色の焼き色がつく程度で肉の味を残しました。筍もほんのり焼き色がつく程度に火を入れ、しっとりした食感を残します。ここではロングパスタで作りましたが、現地ではショートパスタも多く見られました。どちらにせよ、玉子のやわらかさが際立つよう、噛みしめるタイプの食感が強いパスタの方が相性はいいでしょう。

材料 1人分

フェットチーネ…80g

パルミジャーノ（すりおろし）…10g　パンチェッタ…30g　卵…1個
卵黄…1個分　筍（生の筍を茹でてアク抜きしたもの）…70g

E.X.V. オリーブオイル…30cc　塩…適量
水（塩分濃度によってはパスタの茹で汁でも可）…適量　胡椒…適量

ペコリーノ・ロマーノ…8g
木の芽（葉の部分のみ軽く刻んだもの）…適量

作り方

1. 沸騰した湯で、フェットチーネをボイルする。
2. ボールに卵、卵黄、パルミジャーノを入れ、混ぜ合わせる。
3. フライパンにオリーブオイルを熱し、パンチェッタと筍を炒める。途中、塩を加え、パンチェッタ、筍に焼き色がついたら取り出す。
4. 油の残ったフライパンに水を加えて乳化させ、1のフェットチーネが茹で上がったら水けをきって加える。火を止めてから2を加えてからめる。
5. 器に盛り、ペコリーノ・ロマーノを削りかけ、木の芽をのせ、胡椒をふる。

フェトチーネと鮎のコンフィ ケッカソース

加藤政行

ケッカソースで食べるア・ラ・ケッカのフェトチーネは、ローマ郊外の修業した店で夏場に出していた人気メニューです。まるで讃岐うどんの"あつひや"ように、茹で上げた温かいパスタに、常温のケッカをたっぷりとかけて中温で食べるこの一品。トマトのうま味で、いくらでも食べられそうな味わいです。ケッカソースは、シンプルなだけに作り方一つで美味しさが格段に増します。にんにくは、あまり利かせないこと。そして、トマトにはまず塩を入れて角が取れるまで混ぜたら、最後にオリーブオイルを加えることがポイント。最初に塩でトマトの持ち味を引き出し、オイルで甘みと香りをプラスします。ここではピアット・ウニコとして、鮎のコンフィと組み合わせました。鮎は、80〜90℃で10時間ほどかけて、じっくりと煮たもので、身はしっとりとやわらかで、川魚特有の臭みは一切ありません。ちなみに、フェトチーネはトンナレッリやスパゲッティに替えても作れます。

材料 2人分
フェトチーネ（右記参照）…180g

E.X.V. オリーブオイル…適量　鮎のコンフィ（下記参照）…2尾
ケッカ（下記参照）…200g　ルッコラソース（下記参照）…大さじ2
バジリコ…適量　紅しぐれ大根（スライス）…1枚

作り方
1. 鮎のコンフィは、オリーブオイルを薄くしいて熱したフライパンで両面をソテーし、オーブンで温めておく。
2. 沸騰した湯でフェトチーネをボイルする。
3. パスタが茹で上がったら、取り出して湯きりし、オリーブオイルを熱したフライパンに入れ、パスタの茹で汁を少し加え、バジリコを入れて和える。
4. 1の鮎は皿にのせ、その上から3のフェトチーネを盛りつける。
5. ケッカソースをのせ、ルッコラソースをちらす。バジリコと紅しぐれ大根を添える。

※フェトチーネ

材料 2人分
00粉…110g
塩…適量
卵…1個
E.X.V. オリーブオイル…適量

作り方
1. 全ての材料を合わせて練り、まとめてラップに包み、ひと晩休ませる。
2. 取り出した生地は、パスタマシンで薄くのばし、1cm幅にカットする。

※鮎のコンフィ

材料
鮎…適量　塩…適量　E.X.V. オリーブオイル…適量
ひまわりオイル…適量　にんにく…適量　バジリコ…適量
イタリアンパセリ…適量　ローリエ…適量

作り方
1. 鮎は、肝を残してフンを絞り出す。
2. 両面にしっかりと塩をし、5分ほど置く。
3. 鍋にオイルとにんにく、ハーブ類を入れて火にかけ、いったん沸騰させたら火を止め、そのまま60℃くらいまで冷ます。
4. 2の鮎は表面に浮いた水けを拭き取り、バットに並べて3のオイルを流し入れて覆う。
5. 弱火にかけ、80〜90℃の温度を保ったまま10時間煮る。
6. 火からおろし、ひと晩休ませる。

※ケッカソース

材料 2人分
トマト…2個　結晶塩…適量　E.X.V. オリーブオイル…適量　レモン汁…少々

作り方
1. トマトは5mm角にカットする。
2. 1をボールに入れ、塩とレモン汁をふって、トマトの角が取れるまでよく混ぜ合わせる。
3. 味をみて足りなければ塩を足して合わせてから、オリーブオイルを加えてからめる。

※ルッコラソース

材料 作りやすい分量
ルッコラ…10〜15g　にんにく…少々　アンチョビ…1枚
ケッパー…10粒　E.X.V. オリーブオイル…適量　塩…適量

作り方
1. ミキサーに、ルッコラと塩以外の材料を入れて回し、ピューレ状にする。
2. ルッコラを加えて回し、ピューレ状になったら塩で味を調える。

タリオリーニ アッラ チョチャーラ

米田裕道

ローマから南東に80キロほど離れた山の中の町・フロジノーネ。この地域は、かつてはチョチャリアと呼ばれていたことから、今でも住人のことを「チョチャーロ」というそうです。山に囲まれた地域なので、さまざまなハムと茸を使う料理が多いのが特徴です。その中でもチョチャーロの好むのが、このパスタ。この料理では、プロシュットの塩けを使い、豆も合わせて満腹感も出し、生クリームを合わせてソースにします。秋から冬にかけてのシーズンには、ポルチーニ茸を使うと豪華版になります。濃厚なソースに合わせて、パスタはタリオリーニを選びました。

材料 4人分

タリオリーニ…360g

プロシュット（スライス）…80g
マッシュルーム（スライス）…12個
フラジョレビーンズ（水煮）…160g
バター…40g
生クリーム…600cc
白ワイン…60cc
仔牛のフォン…60cc
ブロード・ディ・ポッロ…200cc

パルミジャーノ…適量

作り方

1. プロシュットは適当な大きさにカットし、バターを溶かしたフライパンに入れてソテーする。【写A】
2. 香りが出たら、マッシュルームを加えてソテーする。【写B】
3. マッシュルームがしんなりしたら、フラジョレビーンズ、白ワイン、生クリーム、仔牛のフォン、ブロードを加え、煮込む。【写C】【写D】
4. タリオリーニは、塩分濃度1％の湯でボイルする。
5. タリオリーニが茹で上がったら、3に入れてソースをからめ、パルミジャーノを加えて和える。【写E】
6. 皿に盛りつけ、パルミジャーノをふる。

パリアータ コン リガトーニ

ラッツィオ LAZIO

米田裕道

ローマは、かつて下町地域にと畜場があったことから、古くから内臓料理が豊富で、庶民の間で愛されてきた名物料理が豊富にあります。その中でも代表的な一品が、このパスタ。牛の小腸を使って香味野菜とトマトで炊いたものを、リガトーニと合わせたものです。カロリーの高いこの料理は、若者には敬遠されがちなためか、今ではレストランでも見かけることは少なくなりました。臭みをぬくために2回ほど茹でこぼし、煮込みます。小腸にはゼラチン質が多く、冷めると固まってしまうので、仕込んだらソースとは分けておくと、後の調理で作業しやすくなります。

■材料 4人分
リガトーニ…280g

E.X.V. オリーブオイル…適量
ブロード・ディ・ポッロ…適量
パルミジャーノ(すりおろし)…適量
ペコリーノ・ロマーノ(すりおろし)…適量

仔牛小腸の煮込み
シマ腸…1kg
玉ねぎ(みじん切り)…200g
人参(みじん切り)…100g
セロリ(みじん切り)…80g
パンチェッタ(みじん切り)…50g
にんにく…2片
ローリエ…1枚
白ワイン…300cc
砂糖…5g
チキンコンソメ…10g
ブロード・ディ・ポッロ…1.5ℓ
塩…適量
トマトホール缶(ミキサーにかけたもの)…900g
E.X.V. オリーブオイル…適量

ペコリーノ…適量

■作り方
1. 仔牛小腸の煮込みを作る。シマ腸は、臭みを取るために2回茹でこぼし、汚れを洗って3cm大にカットする。
2. 玉ねぎ、人参、セロリ、パンチェッタは、オリーブオイルを熱した鍋に入れ、ローリエを加えてソテーする。
3. 圧力鍋にすべての食材を入れて、40分〜50分煮込む。味が馴染んだら、小腸とソースを分けて保存する。【写A】
4. リガトーニは、沸騰した湯でボイルする。
5. フライパンに3の小腸とソース、オイルとブロードを入れて火にかけ、温める。【写B】
6. リガトーニが茹で上がったら、湯きりして5に加え、パルミジャーノをふり、ソースとからめる。【写C】
7. 皿に盛りつけ、ペコリーノとオイルをふる。

ラッツィオ
Lazio

リガトーニ
牛テールとトリッパの煮込みソース

加藤政行

バジリカータのパスタ・フェレッティの作り方からヒントを得た、私オリジナルの作り方のリガトーニです。ニョッキボードの上で転がしながら作れているので、スジ入りのリガトーニも容易に作れます。リガトーニといえば、ソースは内臓系が王道ですから、私が修業時代に学んだローマの伝統料理のコーダ・アッラ・ヴァッチナーラ（牛テールの煮込み）に、下茹でしたトリッパを加えたものを合わせました。仕上げは、やはりローマ風にたっぷりの「カチョ・エ・ペペ」をふりかけます。

材料 4人分
リガトーニ（下記参照）…360g

牛テールの煮込み（下記参照）…550〜600g　胡椒…適量
ペコリーノ・ロマーノ（すりおろし）…適量
黒胡椒…適量

作り方
1. 牛テールは、肉をほぐしてソースに戻し、フライパンで温める。
2. 沸騰した湯でリガトーニをボイルする。
3. リガトーニが茹で上がったら、取り出して水けをきり、1のソースに加え、胡椒をして和える。
4. 皿に盛りつけ、ペコリーノをかけ、黒胡椒をふる。

※牛テールの煮込み

材料 10人分
牛テール…1本　トリッパ…300g
＜トリッパ下茹で用＞
　粒黒胡椒・パセリの茎・セロリの葉・ローリエ・塩
　…各適量
にんにく…1片　玉ねぎ（みじん切り）…1.5個分
人参（みじん切り）…1本分
セロリ（みじん切り）…4本分
ホールトマト…1500g　白ワイン…200cc
ローリエ…1本　ローズマリー…1枚
水…適量　塩・胡椒…各適量　オリーブオイル…適量

作り方
1. トリッパの下処理する。トリッパはよく水洗いして、水から沸とうさせて煮込む。これを4回くり返す。
2. 1を鍋に入れ、粒黒胡椒、パセリの茎、セロリの葉、ローリエ、塩を加え、たっぷりの水を注いで5時間くらいボイルする。
3. トリッパに串が通るようになったら取り出し、5cm×1cmの棒状にカットしておく。
4. 牛テールの煮込みを作る。オリーブオイルとにんにくを鍋に入れて火にかけ、色づいたら、玉ねぎ、人参を加えてゆっくりソテーする。
5. 牛テールは5cm幅にカットし、タコ糸でしばり、塩、胡椒をする。
6. オイルを熱したフライパンで5の両面をしっかりとソテーしたら、4の鍋に移す。
7. 6のソテーしたフライパンに白ワインを入れ、ゴムベラで鍋肌のうま味を溶かし込んだら、6の鍋に加える。
8. 7の鍋に、ホールトマト、ローリエ、ローズマリーを入れ、沸騰させたら、160℃のオーブンで2時間ほど煮込む。
9. オイルを熱したフライパンでセロリをソテーし、8の鍋に3のトリッパとともに加え、さらに1〜1.5時間煮込む。
10. 牛テールがやわらかくなったら取り出し、煮汁は塩、胡椒で味を調えたらテールを戻し、一緒に冷す。

※リガトーニ

材料
セモリナ粉…210g
00粉…80g
水…150〜155cc
オリーブオイル…適量
塩…適量

作り方
1. すべての材料を混ぜ合わせて練り込んだら、ラップに包んで冷蔵庫でひと晩休ませる。
2. 取り出して、太さ1cm幅2cmにカットする。
3. 竹串2本を用い、揃えて生地に押し当て、串の前後に出ている生地で串をくるむ。【写a】
4. 端を重ねて留めて転がす。途中で串の間を開きながら転がすことで、マカロニ状にする。【写b】
5. ニョッキボードにのせ、棒に巻きつけて、スジのあるリガトーニを作る。【写c】

ラッツィオ
Lazio

ミスティカンツァのペーストとピゼリーニのスパゲッティ

加藤政行

色あいからはペスト・ジェノヴェーゼのようにも見えますが、野草のミックスであるミスティカンツァ（misticanza）をペーストにして使ったパスタです。春先のローマで食べた料理で、日本の山菜のように独特の苦みが楽しめます。このペーストは生で食べられる葉があれば何でも使えることから、現地では原っぱにたくさん生えている食用の葉ものを摘んで、そのままソースにしたりもします。ルッコラなどは特に苦いので、一度茹でてから作ります。あり合わせでパッと作れるのが利点ですが、エグ味や水分が出てきて日持ちはしないので、作ったその日に食べるのが基本。アレンジとして、夏はビエトラやミントで、冬場はラーパの葉でも作れます。レモンを足して、魚のソースとしても使えます。

材料 2人分
スパゲッティ…170g

ミスティカンツァのペースト（右記参照）…約100cc
ピゼリーニ…大さじ2　E.X.V. オリーブオイル…適量

ペコリーノ・ロマーノ…適量　ルコラセルバチカ…適量

作り方
1. 沸騰した湯でスパゲッティを茹でる。
2. スパゲッティが茹で上がる2分ほど前にピゼリーニを入れる。
3. パスタがアルデンテになったら、ピゼリーニとともにザルにあけて湯きりし、ボールに入れ、ミスティカンツァのペーストを入れ、茹で汁とE.X.V. オリーブオイルを加え乳化させる。
4. 器に盛りつけ、ルコラセルバチカを飾り、ペコリーノをちらす。

※ミスティカンツァのペースト

材料 2人分
ミスティカンツァ…50～60g　ケッパー（小粒）…30個
アンチョビ（フィレ）…1本　にんにく…1/4片
オリーブオイル…30cc　E.X.V. オリーブオイル…適量
塩…ひとつまみ

作り方
1. ミスティカンツァのペーストを作る。ミキサーに、ケッパー、アンチョビ、にんにく、オイルと、ひとつまみの塩を入れて回し、ペーストにする。
2. ミスティカンツァを3～4回に分けて入れたら、E.X.V. オリーブオイルを適量加えながら粉砕する。
3. 塩で味を調えたら、ピューレ状にする。

ラッツィオ
LAZIO

パスタ エ チェーチ

米田裕道

これもローマの代表的なパスタ。家庭料理から生まれた料理で、ローマで生まれたカトリックでは肉を控える金曜に、肉の代わりに畑の肉である豆の料理が食べられてきました。パスタ料理でも、豆のスープとともに食べる感覚です。イタリアでは玉ねぎは入りませんが、日本では玉ねぎのやさしい甘みがある方が好きなかたが多いので、加えて作ってみました。イタリアでは、暑い時期には夏バテ防止として、この料理を冷ましておき、オリーブオイルをかけて食べる人もいるそうです。現地スタイルではカンノリッキという小さな筒状のパスタを使用しますが、現在、日本に入っていませんのでここでは小車輪型のロテッレを使用しました。

材料 4人分

ロテッレ…80g

A
- ガルバンゾー…200g　玉ねぎ…20g　ローリエ…1枚
- 白ワインビネガー…40cc　原塩…10g　水…3ℓ
- ローズマリー…2本　セージ…1本

〈ソース〉
- A…400g　にんにく…2片　アンチョビ（フィレ）…60g
- トマトソース…120g　ブロード・ディ・ポッロ…450cc
- ローズマリー（タコ糸でまとめる）
- E.X.V. オリーブオイル…100cc　砂糖…適量　塩…適量

E.X.V. オリーブオイル…適量

作り方

1. ソースを作る。ガルバンゾーは、小さじ1杯の重曹を入れた水に1日浸けておく。
2. 鍋に1とタコ糸でしばったローズマリーとセージ、それ以外のAの材料を入れ、豆がやわらかくなるまで煮る。途中、煮詰まるので、水分を足しながら煮る。
3. 別鍋にオイルとにんにく、アンチョビを入れて火にかけ、香りが出たら、ブロードローズマリー、を加えて香りを立たせる。
4. 2のガルバンゾー、ブロード、トマトソースを加え、煮込み、砂糖と塩で味を調える。
5. 4からローズマリーを取り出し、ミキサーで回して網で漉し、ソースとする。
6. 5を別鍋に取り、ロテを乾麺のまま加えて煮込む。
7. ロテがアルデンテになったら火を止め、器に盛る。オリーブオイルをふる。

ラッツィオ
Lazio

じゃが芋とチーズを詰めたメッツァルーナ えんどう豆のソースと空豆

浅井 努

　空豆とペコリーノの組み合わせは、ラツィオ州の春の風物詩。新鮮な空豆を生でかじりながら、ペコリーノと一緒に食べる現地の楽しみを、パスタで表現しました。空豆とペコリーノの組み合わせには、じゃが芋で作ったモチモチ生地のメッツァルーナが合うと思います。この生地はぷにゅっとした食感が大切で、粉、水、卵だけでは出せません。じゃが芋だからこそ優しい食感が完成します。炊いたポレンタを入れる方法もあります。こね上げた生地は、小麦のうま味を充分に引き出すため、丸一日寝かせています。詰め物には、チーズを2種類。タレッジョだけよりも、やはりパルミジャーノのコクを足した方がうま味はしっかりします。詰め物がチーズだけだと、茹でたときに生地の隙間から溶け出してしまうので、チーズにじゃが芋を混ぜ合わせます。ソースに使うえんどう豆のペーストは、茹でるとき鞘で取った薄緑色の茹で汁を使うのがポイント。風味が格段に変わってきます。

材料 1人分
メッツァルーナ（下記参照）…10個

バター…10g　えんどう豆のペースト（右記参照）…大さじ1　水…少量

空豆（素揚げ）…8粒　E.X.V.オリーブオイル…大さじ1
ペコリーノ・ロマーノ…適量

作り方
1. 沸騰した湯でメッツェルーナをボイルする。
2. フライパンにバター、えんどう豆のペースト、水を入れる。
3. 1が茹で上がったら、湯きりして2に加え、からめる。
4. 器に盛り、空豆をトッピングし、オリーブオイルをふり、ペコリーノを削りかける。

※えんどう豆のペースト

材料 仕込み量
えんどう豆…適量
水…えんどう豆を鍋に入れて
　ひたひたになる程度

作り方
1. えんどう豆の鞘でとった煮汁で豆をやわらかくなるまで炊いて、煮汁と一緒にペーストにする。

※メッツァルーナ

材料 仕込み量
＜生地＞
　じゃが芋（メークイン）
　　…小2個
　塩…ひとつまみ
　卵黄…3個分
　E.X.V. オリーブオイル…10cc
　強力粉…300g
　デュラムセモリナ粉…100g

＜詰め物＞
　仕込み量
　マッシュポテト…100g
　タレッジョ…70g
　パルミジャーノ（すりおろし）
　　…10g

作り方
1. ボールに裏漉ししたじゃが芋、塩、卵黄、オリーブオイルを入れて手でこねる。【写a】
2. 強力粉、デュラムセモリナ粉を加え、全体に水分を行きわたらせるように粉が馴染むまでしっかりこねる。いわゆる耳たぶ状になるまで。その後、真空パックし1日寝かせる。【写b】
3. 生地に少量の打ち粉をふり、ローラーで2.5mm厚さにのばしたら、丸型で抜く。【写c】
4. マッシュポテト、タレッジョ、パルミジャーノを混ぜ合わせたものを絞り袋に入れ、3の上に絞り出す。【写d】
5. 生地を少しのばしながら半分にたたんで包む。【写e】

リコッタとほうれん草のラヴィオリ

米田裕道

北の料理のイメージが強いラヴィオリですが、リコッタとほうれん草を包んだこのラヴィオリは、カルチョッフィのラヴィオリと並んで、ラッツィオのスタンダード。素材のどちらも、地元では新鮮なものが手に入りますので、あえてほとんど手をかけず、素材の味わいを楽しむのが南のラヴィオリといえます。ソースも、シンプルにサルビアバターか、トマトソースで和えたもののどちらかが食べられています。ここではサルビアバターを紹介しました。バターが溶けたらブロードを加え、乳化させてからラヴィオリを入れてからめます。

材料 2人分
ラヴィオリ（下記参照）…10個
溶き卵…1/2個分

セージ…30g　バター…20g
ブロード・ディ・ポッロ…180cc

パルミジャーノ（テフロンパンでカリカリに焼いたもの）…適量

作り方
1. ラヴィオリは、塩分濃度1％の湯でボイルする。
2. ソースを作る。フライパンにバターとセージを入れて火にかけ、バターが溶けたらブロードを注ぎ、乳化させる。
3. ラヴィオリが浮いてきたら、取り出して水けをきり、2に加えてソースをからめる。
4. 皿に盛りつけ、パルミジャーノをふる。

※ラヴィオリ

材料 仕込み量
＜ラヴィオリ生地＞
　強力粉…1030g
　卵…9個
　塩…適量
　EXVオリーブオイル…3g
＜詰め物＞
　ほうれん草（茹でて刻んだもの）…70g
　パルミジャーノ（すりおろし）…20g
　リコッタ…1P(250g)
　卵黄…1個
　塩…適量

作り方
1. 生地を作る。材料をすべてボールに入れて練る。まとまればラップをかけ、晩冷蔵庫で寝かせる。
2. 詰め物を作る。ほうれん草は、水けをよく絞り、包丁で細かくカットする。
3. 1と残りの材料をボールに入れ、混ぜ合わせ詰め物とする。
4. 1の生地は、パスタマシンで1mm厚さにのばす。【写a】
5. 4の生地は、縦120mm×横350mmにカットする。2枚作る。
6. ラヴィオリ型に軽く打ち粉をし、5の生地1枚をしき込む。
7. 3を絞り袋に入れて、6の生地に絞る。【写b】
8. 卵白をハケでぬって残りの生地をのせ、軽く押さえて中の空気を抜いたら、上から麺棒を転がして切り離し、フォークで生地の四隅を押さえてラヴィオリとする。【写c】【写d】

130　Chapter 2 ＊ 中部イタリアのパスタ

マルケ
MARCHE

パッサテッリ イン ブロード ディ ペッシェ

仁保州博

パッサテッリは、本来はエミリア＝ロマーニャ州のロマーニャ地方の料理。こねた生地を専用の道具で押し出して肉のブロードに落とし、茹でてそのまま器に盛り、食べる手軽な料理です。それに対しこの料理は、魚介の豊富なマルケ風。アンコーナで働いていたシェフに教わったもので、道具を使わず家庭的に手でのばす方法で作り、魚のブロードでスカンピと一緒に茹でて上品に仕上げます。魚の風味に合わせて、レモンの皮をすり入れました。パッサテッリの生地は練ってもグルテンは出ませんので、寝かせたり締めたりはしません。まとめたら、すぐにのばしてください。もう少しアレンジして、具だくさんにしてもいいでしょう。

材料 1人分
パッサテッリ（下記参照）…50g
ブロード・ティ・ペッシェ（下記参照）…適量　スカンピ…1尾
イタリアンパセリ（みじん切り）…適量

作り方
1. 魚のブロードに、スカンピのむき身とパッサテッリを入れて一緒に茹でる。
2. 茹で上がったら、ブロードとともに器に盛り、イタリアンパセリをちらす。

※ブロード・ティ・ペッシェ

材料
魚のアラ…適量
スカンピのアラ…適量
イタリアンパセリの茎…適量
トマト…適量
オリーブオイル…適量　水…適量

作り方
1. 魚のアラは水にさらして血合いを取り、スカンピのアラとともにオリーブオイルを熱した鍋でソテーする。
2. 1の鍋に水を加え、沸騰したらアクを取り、残りの材料を加え、アクを取りながら煮出す。この時、浮いてきた油は取り除かないよう注意する。
3. うま味を煮出したら、漉す。

※パッサテッリ

材料 仕込み量
パン粉…100g
パルミジャーノ（すりおろし）…20g
卵…約100g
ナツメグ…適量
レモンの皮…適量
貝の汁…適量

作り方
1. 貝の汁を残してボールに材料を入れ、水分を馴染ませたら、丸くまとめる。水分が足りないようなら、貝の汁を入れて調整する。【写a】
2. 1の生地は、ラップではさんで麺棒でのばす。
3. 1cm厚さほどにのばしたら、1cm幅にカットし、手でのばす。【写b】
4. 直系5mmほどの棒状にしたら、7cm長さほどにカットする。【写c】

ウンブリケッリ

杉岡憲敏

ウンブリケッリは、材料も作り方もトスカーナのピチとほぼ同じパスタで、その名からもわかるようにトスカーナの東隣に位置するウンブリア地方のものです。粉は強力粉だけ。卵は使わず、あとは塩と水とオイルだけを使って練ります。手にくっつきやすいので、油を多めに加えるのがポイントです。讃岐うどんに似たもちもちの歯応えが特徴のウンブリケッリ。その食感に合わせて、生クリームを加えた濃厚なカルボナーラ仕立てにすることが多いようです。山に囲まれて海のないウンブリア州は、山の幸として茸が有名です。このソースにも茸の風味をきかせ、仕上げにウンブリア産のトリュフをふりかけました。

材料 1人分
ウンブリケッリ（下記参照）…20g

自家製ベーコン（みじん切り）…20g　玉ねぎ（飴色になるまで炒めたもの）…5g
トリュフ…8g　白ワイン…5cc　牛乳…10cc　生クリーム（乳脂肪35％）…40cc
トリュフペースト（下記参照）…10g　パルミジャーノ（すりおろし）…適量　卵黄…1/2個分

トリュフ（スライス）…適量　黒胡椒…適量　E.X.V. オリーブオイル…適量

作り方
1. 油を入れない鍋に、ベーコンと玉ねぎを炒めたもの、トリュフを入れて弱火にかける。【写A】
2. ベーコンから出た油で炒めたら、白ワインをふり、アルコールを飛ばして牛乳、生クリーム、トリュフペーストを入れ、弱火にして煮る。【写B】
3. 沸騰した湯でウンブリケッリをボイルする。
4. 茹で上がったら湯きりし、2の鍋に入れてソースとからませる。【写C】
5. パスタがソースとからんだら、パルミジャーノと卵黄を入れ、さらに和える。【写D】
6. 器に盛りつけ、パルミジャーノをふり、トリュフをちらす。粗く挽いた黒胡椒をかけ、オリーブオイルを流す。

A

B

※トリュフペースト

材料 仕込み量
マッシュルーム…100g
トリュフ（スライス）…4枚
トリュフオイル…適量
E.X.V. オリーブオイル…適量

作り方
1. マッシュルームは細かく刻む。
2. オリーブオイルを熱したフライパンに1を入れ、水分が抜けるまで炒める。
3. トリュフとトリュフオイルを入れて混ぜ合わせ、冷ましてから使う。

C

D

※ウンブリケッリ

材料 仕込み量
強力粉…800g
水…360g
塩…4g
E.X.V. オリーブオイル…130g

作り方
1. 材料を混ぜ合わせ、粉けがなくなったら真空機にかける。
2. 取り出してパスタマシンに1回かけてのばし、生地玉にして再び真空機にかけて冷蔵庫でひと晩寝かせる。
3. 翌日取り出し、厚さ5mm、長さ30cmのリボン状に切り分け、手で1本ずつ角を取るようにのばす。くっつかないよう、セモリナ粉をまぶして保存する。

ウンブリチェッリ 黒トリュフがけ

仁保州博

山に囲まれ、トリュフの産地でもあるウンブリア州ノルチャ。この地方には、ブロード、バター、パルミジャーノでパスタをからめ、自慢の黒トリュフをたっぷりとかけて食べる、シンプルながら何とも贅沢なパスタがあります。合わせるパスタは、ウンブリチェッリ。語感かわもお分かりの通りウンブリアのパスタで、ウンブリケッリとも言います。お隣のトスカーナのパスタ・ピチとほぼ同じで、粉と水だけを練ってのばしたものです。粉に塩を入れる人もいれば、入れない人もいます。また、卵白を入れて少し触感を変える人もいるようです。

材料 1人分
ウンブリチェッリ（下記参照）…70g
ブロード・ディ・ポッロ…適量　バター…適量
パルミジャーノ（すりおろし）…適量
塩…適量　黒トリュフ…18g

作り方
1. 沸騰した湯にウンブリチェッリを入れて、ボイルする。
2. 鍋にブロードとバターを入れて火にかけ、軽く沸騰させる。
3. 1が茹で上がったら2に加えて和える。
4. パルミジャーノを加えてからめ、味が足りなければ塩で調整する。
5. 皿に盛りつけ、黒トリュフを削りかける。

※ウンブリチェッリ

材料 仕込み量
0粉…250g　水…110〜120g

作り方 ※原稿なし
1. 材料をすべて混ぜ合わせ、よく練る。
2. ラップをかけて1〜2時間ほど寝かせておく。
3. 2を取り出して手で平たくし、細く切って、両手の平で15cmほどの長さにのばす。

Chapter 3

北部イタリアの
パスタ

Nord

ピエモンテ
Piemonte

タィヤリン
熊本産無農薬レモンをからめて

渡辺武将

玉子をよく食べるピエモンテ州の定番パスタは、タィヤリン。バターやフレッシュポルチーニ、トリュフなどに合わせることが多い冬のイメージのパスタです。卵の味わいを強めるために卵黄を35個使用。使う卵は京都産の赤玉です。その分、他の素材はシンプルにソースのベースはバターだけにして、レモンで爽やかに仕上げ、店では夏の定番パスタとして出しています。タィヤリンの生地は、透けるくらい薄くのばすのがポイント。生地が多少よれても、それが具材にからみやすくなるため、見た目の美しさは気にしなくていいと思います。よれたシワと垂直になるよう2mm幅にカットし、バットに広げて1晩かけてしっかり乾燥させておくのも大切です。タィヤリンはサクッとした歯触りが特徴なので、うちではグルテンが出やすいイタリアカプート00番の超強力粉を使っています。

材料 1人分
タィヤリン（下記参照）…65g

バター…30g　レモンスライス…2枚
塩…ひとつまみ　レモン果汁…適量
セージ（フレッシュ）…適量

作り方
1. ボールに、バターとカットして種を取り除いたレモンスライスを入れ、塩を加える。【写真A】
2. 沸騰した湯で、タィヤリンをボイルする。【写真B】
3. 2が茹で上がったら、水けをきって1のボールに加え、そのまま直火にかけ、バターをからめるように混ぜる。【写真C】
4. 火を止め、皿に盛り、セージを飾る。
5. 皿に添えたレモンを絞ってかけ、混ぜて食べる。

※タィヤリン

材料 仕込み量
強力粉…1kg
卵黄…35個
塩…2g

作り方
1. 材料を全て混ぜ合わせ、冷蔵庫でひと晩寝かせる。【写a】
2. 生地をローラーで薄くのばす（手の平に載せると透ける程度）。【写真b】
3. 食べやすい大きさにカットし、涼しい場所で1日寝かせる。【写真c】

ピエモンテ
Piemonte

タィヤリン ウサギの白ワイン煮込み 和え セロリの香り

渡辺武将

ウサギや仔牛をよく食べる、ピエモンテ州を代表する料理です。ウサギをさばき、ロース、バラ肉、腎臓を取り出したら、残りの肉はすべて煮込みに使います。ロースは脂身がまったくなく単体だとパサついてしまうため、バラ肉で巻き、焼くときはバラ肉にしっかり火を入れて、ロースは余熱で火を入れます。また骨つき肉の部位は、骨の周りの肉のうま味を活かしてそのまま揚げています。ウサギの風味を感じてもらうため、ここでのティヤリンは、137ページとは異なり卵白も加え、プリッとさせることで肉との相性を高めます。ウサギ＋セロリもピエモンテでは定番の組み合わせ。ソースはバターがベースなので、口の中がベタついたなと感じたとき、口直しをしてもらえるよう生セロリを添えます。

材料 1人前
ティヤリン…70g

ウサギの背ロース（アバラ肉で巻いて糸で留める）…30g
ウサギの骨つきロース…10g
ウサギの腎臓…1個
バター…適量　塩・胡椒…各適量　薄力粉…適量

バター…20g　ウサギ肉の煮込み（下記参照）…30g

セロリ…適量　ローズマリー…1枝　ローリエ…1枚

作り方
1. フライパンにバターを熱し、塩・胡椒をふったウサギの背ロースを焼く。
2. ウサギの骨つきロース、腎臓は、薄力粉をふって揚げる。
3. 別のフライパンにバターを入れて、ウサギのバラ肉の煮込みを入れて温め、ローズマリーを加える。
4. 沸騰した湯で、ティヤリンをボイルする。
5. 4が茹で上がったら、水けをきって3に加え、ソースをしっかりとからめる。
6. 皿に5を盛りつけ、1、2、セロリを並べ、ローズマリー、ローリエを飾る。

※ティヤリン

材料 仕込み量
強力粉…1kg
卵…7〜8個
塩…2g

作り方
1. 材料を全て混ぜ合わせ、冷蔵庫で1晩寝かせる。
2. 生地をローラーで薄く伸ばす（手の平にのせると透ける程度）。
3. 食べやすい大きさにカットし、涼しい場所で1日寝かせる。

※ウサギ肉の煮込み

材料 10人分
ウサギのバラ肉…400g
玉ねぎ（みじん切り）…中1個
セロリ（みじん切り）…2本
バター…適量
白ワイン（ロエロアルネイズ）…150cc
塩・胡椒…各適量
ローズマリー…1枝
ローリエ…1枚

作り方
1. 鍋にバターを溶かし、ローズマリーを加えて熱し、塩、胡椒をしたウサギのバラ肉を入れて炒める。
2. 肉の表面の色が変わったらバターを足し、バターを足し、玉ねぎ、セロリを炒める。
3. 野菜がしんなりしたら、白ワインを注ぎ、ローリエを加えて30分煮込む。

ピエモンテ
Piemonte

タリアテッレ ディ メリガ アル スーゴ ディ ストラフリット

スペルティーノ・ファビオ

かつてイタリアの首都として栄え、貴族や王族が多く住んでいたトリノは、高貴な食事と、庶民が食べる貧相な食事とで分かれていました。その後、貴族料理と庶民料理が融合され、昨今の料理となったのです。このパスタは、白い小麦粉が高価で買えなかった庶民が、小麦粉の代わりにポレンタ粉で増量して食べたといわれる、昔ながらの料理です。ソースも同様に鶏のハツや砂肝など、副産物の食材からできたもの。メニュー名のメリガ (Meliga) はポレンタ粉の方言で、トリノ以南で呼ばれる呼び名です。ストラフリット（Strafritto）は焦げないよう、少しのブロードを足しながら蓋をして弱火で長時間煮ること。ポレンタ粉をパスタに加えると食感が残るので、アクセントになります。一方でポレンタ粉は茹でることで膨らみ、生地に厚みが出てしまうため、生地はなるべく薄くのばすのがポイントです。

材料
タリアテッレ…250g

<ソース（仕込み量）>
鶏砂肝…250g　鶏ハツ…100g
鶏レバー…100g　玉ねぎ（みじん切り）…50g
ラルド…50g　オリーブオイル…10cc
マルサラワイン…40cc　トマトペースト…30g
野菜のブロード…210〜280cc
ローリエ…1枚　クローブ…1本
白・黒胡椒…各適量

作り方
1. 鍋にラルド、オリーブオイルを入れて熱し、玉ねぎを加え弱火で透き通るまで炒める。
2. 鶏の砂肝、ハツを加え、水分が出るまで炒める。
3. マルサラワイン、トマトペーストを加え、全体が混ざったら鶏レバー、ローリエ、クローブ、白・黒胡椒を入れ炒め合わせる。
4. 野菜のブロードを加え、ブロードを継ぎ足しながら蓋をして弱火で2〜3時間砂肝がやわらかくなるまで煮込む。
5. 粗熱が冷めたら、粗めに刻む。
6. 1ℓの水に塩12gを加えた湯で、タリアテッレを3〜4分茹でる。
7. フライパンで温めたソースに、茹でたタリアテッレを加えてからめる。
8. 器に盛りつける。

※タリアテッレ

材料　4〜5人分
中力粉…120g
ポレンタ粉（フィオレット）…40g
全卵…90g　塩…1g

作り方
1. ボールにふるった粉類、卵、塩を入れ、最初はフォークで混ぜる。
2. 生地全体を手でまとめ、5〜6分こねる。柔らかいときは小麦粉を加える。
3. ひとまとめにして、ラップで密閉し、常温で30分〜1時間寝かせる。前日仕込みの場合は、冷蔵庫で寝かせる。【写a】
4. セモリナ粉(分量外)の打ち粉をし、パスタマシンの設定最大幅に通す。生地を三つ折りにし、90度向きを変え、再度通す。同じ作業を3〜4回繰り返すことにより表面にツヤが出る。ツヤが出たら、パスタマシンの幅を調整しながら薄くのばす。【写b】
5. のばした生地は20cm位の長さに分けて、畳んでから7〜8mm幅に庖丁でカットする。【写c】
6. カットした生地を、布巾の上に広げ10〜20分ほど表面を乾燥させる。【写d】

和牛肉を詰めたラビオリ "プリン"
トリュフのクリームソース

渡邊宏也

「プリン」というと、日本では洋菓子の印象が強く、パスタとしては違和感があるのですが、これはピエモンテのパスタ。「つまんで閉じる」製法で、正式にはアニョロッティ・デル・プリンといいます。アニョロッティと違うのは、特につまんで閉じた形になっています。ここでは詰め物は、シンプルに和牛モモ肉を叩いて詰めました。また仕上げには、ピエモンテのパスタということで、特産品として有名な黒トリュフをソースにして添えました。

材料 1人分
プリン（下記参照）…8〜10個

黒トリュフ…適量
バター…20g
生クリーム…30cc
ブロード・ディ・ポッロ…70cc
E.X.V. オリーブオイル…適量
塩・黒胡椒…各適量
パルミジャーノ（すりおろし）…適量

作り方
1. ソースを作る。バターを熱したフライパンに黒トリュフをスライスして入れ、軽くソテーする。
2. 少量のブロードを加え、少量の生クリームを加えて5分ほど煮たら、ミルでペースト状にしてソースとする。
3. プリンは、沸騰した湯でボイルする。
4. 別のフライパンにバターを入れて熱し、ブロードを加え、塩、胡椒をして沸騰させる。
5. 3が茹で上がったら水けをきり、4に加えて和える。
6. 皿に盛りつけ、2のソースをかける。黒トリュフを削りかけ、パルミジャーノをちらす。

※プリン

材料 仕込み量
パスタ生地（209ページ参照）…250g

＜詰め物＞
　和牛肉モモ肉…200g
　パルミジャーノ（すりおろし）…40g
　玉ねぎ(みじん切り)…1/2個分

作り方
1. 詰め物を作る。玉ねぎは、オイルを熱したソテーパンで、しんなり透きとおるまでソテーをし、冷ましておく。
2. 和牛モモ肉はサイコロ状にカットし、フードプロセッサーに入れ、パルミジャーノを加えて回したら、1を入れ、塩、胡椒をして絞り袋に入れ、詰め物とする。
3. パスタはパスタマシンで1mm厚さにのばす。
4. プリンを成形する。のばした生地を横にして台に置き、向こう側の長辺に沿って、端から5cmほどのところに2を1cm大に絞ってのせる。
5. ハケで端の部分を湿らせ、湿らせた部分で2をおおうようにかぶせたら、重なった生地の部分を押さえ、さらに詰め物の間の生地をつまむ。
6. 重なった生地の部分から手前をカットし、詰め物の間もカットして切り離す。

アニョロッティ カナヴェザーニ

スペルティーノ・ファビオ

料理名のカナヴェザーニ(Canavesani)は、ピエモンテ州のカナヴェーゼ地域を指し、この地域はトリノの北にある、山々に囲まれたところです。アニョロッティ(Agnolotti)とは、詰め物パスタのこと。パスタの種類や具材はさまざまですが、カナヴェーゼではだいたい、ラヴィオリの中に肉と産物のお米などを入れます。今回は仔牛の塊肉、牛乳で茹でた米、パンツェッタとちりめんキャベツのストゥファート、サルシッチャを、それぞれ調理して合わせた詰め物と、仔牛の茹で汁をソースとして利用しました。これだけ手が込んでいる料理のため、クリスマスや来客時などのおもてなし料理として作られます。塊肉は脂の多い国産牛ではなく、脂と赤身のバランスがよい仔牛の肩ロースがいいでしょう。ラヴィオリは茹でた際に具材が出ないよう、空気を抜くように密閉してください。乾燥するとカットした端が固くなってしまうため、作ってすぐに茹でるか、冷凍しておくのがベストでしょう。

材料
ラヴィオリ（下記参照）…200g

＜ソース＞
スーゴ・ダ・ロースト…45cc　水…50cc
ローズマリー…1本　塩…適量　バター…20g

作り方
1. 1ℓの水に塩12gを加えた湯で茹でる。
2. フライパンにスーゴ・ダ・ローストと水、ローズマリー、塩を加え加熱し、茹で上がったラヴィオリをからめる。【写A】
3. 水分が少なくなってきたらバターを加え、火を止めて混ぜ合わせる。
4. 器に盛り、パルミジャーノ（分量外）をふりかける。

※ラヴィオリ

材料
＜ラヴィオリ生地＞
中力粉…200g　全卵…2個（100g）　無塩バター…20g

＜詰め物（仕込み量）＞
●仔牛のロースト
　仔牛の肩ロース塊肉…400g　バター…適量　オリーブオイル…適量
　白ワイン…適量　玉ねぎ（みじん切り）…50g　野菜ブロード…適量
●パンチェッタとちりめんキャベツのストゥファート
　パンチェッタ（みじん切り）…50g
　ちりめんキャベツ（みじん切り）…350g　オリーブオイル…15g
●米の牛乳煮
　牛乳…150cc　米…35g
●サルシッチャ
　サルシッチャ（腸詰めでないもの）…100g　全卵…1個
　パルミジャーノ（すりおろし）…50g

作り方
1. 生地を作る。ボールにふるった粉、全卵、溶かしバターを入れ全体を混ぜ合わせる。
2. 生地がまとまったら、台の上に打ち粉（分量外）をして5〜6分手でこねる。
3. 生地をひとまとまりにしてラップで密閉し、常温で30分〜1時間寝かせる。
4. パスタマシンに生地を通し、表面にツヤが出たら薄くのばす。
5. 詰め物の仔牛のローストを作る。深めの鍋にバター、オリーブオイルをしき、塊肉の表面を焼く。
6. 白ワインを入れ、アルコールを飛ばしたら、玉ねぎを加え透き通るまで炒める。
7. 野菜のブロードを加え、都度ブロードを足しながら、蓋をして弱火で2〜3時間煮込む。肉汁（スーゴ・ダ・ロースト）は取り分けておく。
8. 詰め物のパンチェッタとちりめんキャベツのストゥファートを作る。深めの鍋にオリーブオイルをしき、パンチェッタとちりめんキャベツを入れ蓋をして、20分程度弱火で蒸し煮する。
9. 詰め物の米の牛乳煮を作る。鍋に牛乳を入れ、沸騰したら米を加えて12〜15分、水分がなくなるまで茹でる。
10. 詰め物のサルシッチャを作る。ボールに腸から出しほぐしたサルシッチャ、卵、パルミジャーノを加え混ぜ合わせる。
11. 7の仔牛のローストは庖丁で細かくカットし、8のパンチェッタとちりめんキャベツのストゥファート、9の米の牛乳煮、10のサルシッチャと合わせる。たっぷりの塩、胡椒、ナツメグ（ともに分量外）で調味する。
12. ラヴィオリを作る。生地を縦半分にカットし、1枚にラヴィオリスタンプで型をつける。
13. 型の中央に詰め物をのせる。【写a】
14. 残りの生地をパスタマシンで1度のばし、13にかぶせる。
15. 空気を抜くように生地を合わせていき、専用のカッターで切り分ける。【写b】

ピエモンテ
Piemonte

小さなラザーニャ 仔牛スネ肉の赤ワイン煮込み パルミジャーノの黄金ソース

渡邊宏也

ピエモンテ発祥のラザーニャは、気軽なトラットリアなどでは大きなバット一杯に作って、オーダーのつど取り分けて温めるスタイルが一般的。それに対し高級店では、皿に1人前ずつ作るオープンラザニアのスタイルが増えています。ここではそのオープンスタイルを紹介しましょう。具材は、じっくりと煮込んだ牛スネ肉の煮込みと、ベシャメッラです。パルミジャーノと卵黄を使った黄金のザバイオーネソースで食べます。

材料 4人分

パスタ生地（209ページ参照）…200g

仔牛スネ肉の赤ワイン煮込み（下記参照）…●g

トマトホール（つぶしたもの）…90g
ベシャメルソース…200cc
パルミジャーノ（すりおろし）…40g

<ザバイオーネ>
　卵黄…2個
　ブロード・ディ・ポッロ…80cc
　パルミジャーノ（すりおろし）…40g

バター…適量
パルミジャーノ（すりおろし）…40g

作り方

1. パスタをのばし、沸騰した湯でボイルする。
2. 茹で上がったら冷水に取り、水けをきって10cmのセルクルでぬく。
3. パイ皿にバターをぬり、2を置き、ベシャメルをぬる。仔牛スネ肉の赤ワイン煮込みの肉をのせ、煮込みソースを少しかけ、パルミジャーノをふりかけパスタをのせる。さらにもう1度ベシャメル、肉、パルミジャーノ、パスタの順でのせたら、ベシャメルをかけ、180℃のオーブンで色がつくまで焼く。
4. 卵黄、パルミジャーノ、ブロードをボールに入れ、湯せんにかけて撹拌し、ザバイオーネを作る。
5. 焼き上がったラザニアを器に盛り、4をかけ、飾りのパルミジャーノをちらす。

※仔牛スネ肉の赤ワイン煮込み

材料 仕込み量

仔牛スネ肉…300g
赤ワイン…200cc
玉ねぎ（乱切り）…150g
人参（乱切り）…80g
セロリ（乱切り）…1本分
黒胡椒…5粒
ローリエ…1枚
E.X.V. オリーブオイル…適量
スーゴ・ディ・カルネ…90g

作り方

1. 仔牛スネ肉は、玉ねぎ、人参、セロリ、黒胡椒、ローリエとともに赤ワインに入れ、ひと晩漬け込んでおく。
2. 翌日、スネ肉を取り出し、肉、野菜類、ワインに分ける。
3. 2の肉はオイルを熱したフライパンで焼き色をつける。
4. 肉に焼き色がついたら、2の野菜類を入れてソテーする。
5. 2の赤ワインは、鍋に入れて火にかけ、沸騰したらスーゴ・ディ・カルネとトマトホールを加え、3と4を加えて3～4時間煮込む。
6. 肉がやわらかくなったら、取り出して冷まし、肉をほぐす。
7. 鍋の煮汁は、野菜ごとミキサーに入れ、ピューレ状にしてソースにする。

ラザニエッタ フレッシュポルチーニソースで

ピエモンテ Piemonte

渡辺武将

このメニューのヒントになったのは、ピエモンテ州で食べたパスタです。ココット皿にパスタとポルチーニを重ねてタワー状にしたものをアレンジしました。旬のフレッシュポルチーニを豪快に使い、オーブン料理としてではなく、レストランの料理としてフライパンで丁寧に作ります。自家製ポルチーニソースは、パンにぬってブルスケッタにしたり、パスタに和えたり、肉料理の仕上げに使ったり、ミルクで薄めてスープにしたりと、いろいろなメニューに活用できます。

材料 1人分
ラザニア…4枚

ポルチーニ茸…軸3個、かさ1/3個
ロビオーラチーズ…20g

バター…5g
ローリエ…1枚

ポルチーニソース（バターソテーしたポルチーニをミキサーで回したもの）…15cc
バター…5g
塩…少々

作り方
1. 沸騰した湯で、ラザニアをボイルする。
2. フライパンにバターとローリエを入れて火にかけ、バターにローリエの香りを移してから火を止め、1のラザニアを加える。【写A】
3. 別のフライパンにバター（分量外）を入れ、ポルチーニ茸を焼く。【写B】
4. ポルチーニ茸に焼き色がついたら、ロビオーラチーズを加えて焼く。【写C】
5. 皿に2のラザニアを1枚のせ、4のポルチーニ茸の傘の部分を1カットのせる。これを3回繰り返し、最後にラザニアをのせ、ポルチーニ茸の軸の部分を並べ、4のロビオラチーズをのせる。【写D】
6. ポルチーニソースにバターと塩を加えて温め、5にかける。2のローリエを飾る。

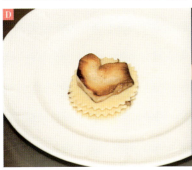

カネロニ

町田武十

イタリア各地で、各家庭の味が受け継がれているカネロニ。ナポリではトマトソース、チーズ、ほうれん草の組み合わせが定番で、マルケではラグーを詰めたカネロニがよく見られます。今回は、北イタリアのピエモンテで見られるカネロニをアレンジしてみました。ピエモンテでは、トマトソースではなく、ベシャメルソースを使う点が特徴です。ほうれん草は一般的には詰め物として使うところを、今回は生地に練り込むことで鮮やかな見栄えに仕立てました。また、具材の肉は一般的には挽き肉を使いますが、食感を活かしたかったので、角切りにしています。オーブンで焼く際はごく少量のパスタの茹で汁をかけ、蒸焼きの状態にして火を入れましょう。耐熱の深皿を使い、ベシャメルソースを多めにかければグラタン仕立てにもなります。

材料 1人分（4本分）
カネロニ生地（下記参照）…12cm×15cm 大4枚分
仔牛ロース肉…200g　オリーブオイル…適量

A
- プロシュット・コット（5mmの角切り）…170g
- プロシュット（みじん切り）…1枚分
- パルミジャーノ（すりおろし）…30g　卵…1個

塩・胡椒…各適量
ベシャメルソース（下記参照）…50g
パルミジャーノ（すりおろし）…適量
溶かしバター（無塩）…適量

作り方
1. パスタは、約10分茹でて氷水に落とし、冷えたら水けをきり、12cm×15cmのスクエア状にカットする。
2. 仔牛ロース肉は、オリーブオイルを熱したフライパンでローストし、5mm角に切る。
3. ボールに2とAを入れて混ぜ、塩、胡椒で味を調える。
4. 1の手前側に3をのせ、奥にむかって巻く。上部を指で軽く押して接着させる。
5. 耐熱皿に4を並べる。ベシャメルソース、パルミジャーノ、溶かしバターの順でかけ、220℃のオーブンで約5分焼く。
6. クロスをしいた皿に、5を耐熱皿ごとのせる。

※カネロニ生地

材料 仕込み量
00粉…200g

A
- ほうれん草（下茹でしたもの）…80g
- 卵…1個
- 卵黄…1個分
- オリーブオイル…5g
- 塩…1つまみ

作り方
1. ミキサーにAを入れて撹拌し、ペースト状にする。
2. ボールに1と00粉を入れて混ぜ、ひと固まりにする。
3. ラップで包み、常温で約3時間寝かせる。途中、1時間おきにこねる。
4. パスタマシンで1mm厚にのばす。

※ベシャメルソース

材料 仕込み量
バター（有塩）…70g
牛乳…1ℓ

A
- 薄力粉…70g
- ナツメグ（すりおろしたもの）…少々
- フェンネルシード（粗く刻んだもの）…少々

塩・白胡椒…各適量

作り方
1. 鍋にバターを入れて火にかけて溶かす。Aを加えて混ぜ、うす茶色になるまで火を通す。
2. 1に、温めた牛乳を少しずつ加え、だまにならないように手早く混ぜる。
3. ヘラでかくと鍋の底が見える程度まで濃度がついたら、火を止める。塩、白胡椒で味を調える。

ピエモンテ
Piemonte

そば粉のニョッキ 秋の野菜ソース ロビオラ風味

加藤政行

ピエモンテの古典料理で、イタリア語の料理名はナポリのドルチェと同じ「ババ」。ただし綴りが異なり、「baba」ではなく「bava」で、よだれの意味。よだれが出るほど美味しい料理ということです。本来はバターとチーズだけで食べる素朴な料理で、アンチョビかにんにくを加えるのがせいぜいでした。それでは日本のお客様には喜ばれませんので、少し贅沢に具材を足しました。そば粉を使うパスタのピッツォッケリにはきゃべつがよく使われますので、ここではちりめんきゃべつを。さらに、そばにはねぎが合うので、ねぎを焼いてのせます。チーズは、牛、羊、山羊の乳で作る、ロビオラ・トレラッテを使いました。

材料 4人分
そば粉のニョッキ…300〜350g

<秋の野菜ソース>
生ハム…20g　ちりめんキャベツ…大葉1枚　栗（茹でたもの）…4粒
なす…1/2本　ズッキーニ…1/3本　長ねぎ…1本
にんにくみじん切り…小さじ1/2　バター…大さじ1　ロビオラ…20g

<仕上げ>パルミジャーノ（すりおろし）…適量

作り方
1. ソースを作る。栗は水に浸けておく。水を取り替え、塩少々を入れた水に入れて火にかけ、茹でる。火が通ったら、そのまま冷まし、殻と甘皮をむく。茹で汁は取っておく。
2. バターとにんにくを火にかけ、沸騰したら、生ハム、ちりめんキャベツ、なす、ズッキーニを加えてソテーする。
3. 長ねぎは、直火で焼いてアルミホイルに包み、オーブンで火を通す。
4. 2の野菜に、1の栗と茹で汁、水を加えて少し煮る。
5. 沸騰した湯で、そば粉のニョッキをボイルする。
6. 5が茹で上がったら、取り出して水けをきり、4に加え、ソースと合わせる。
7. ロビオラを溶し込み、皿に盛る。3をカットしてちらし、パルミジャーノをかける。

※そば粉のニョッキ

材料 4人分
そば粉…90g　じゃが芋…160g　00粉…15g
パルミジャーノ…10g　卵黄…1個　塩…ひとつまみ

作り方
1. じゃが芋は、ボイルして裏漉ししておく。
2. 1と残りの材料をボールで混ぜ合わせ、少々練る。
3. 直系1cmの棒状にのばし、1cm幅にカットしたら、フォークを使って成形する。

ロンバルディア
Lombardia

タリアテッレ ミラノ風 黄金のソースで
渡辺武将

黄金色といえば、ミラノ。サフランバターを使った、ミラノでよく食されるリゾットです。そのビジュアルから、黄金のリゾットと呼ばれています。かつての貴族は、文字通りリゾットに本物の金粉を入れていたそうで、20数年前、実際にイタリアで金箔をのせたリゾットに出合って衝撃を受け、当店でも特別な日のディナーは、金箔を使うようになりました。サフランバターと一緒に使われることが多いのは、花ズッキーニ。チーズやアンチョビを詰めてフリットにするケースが定番ですが、今回は具材としてソースにからめました。伝統的な料理が多いミラノは私の原点。最初に手打ちパスタの美味しさに感動したのもミラノです。

材料 1人分
タリアテッレ…60g
花ズッキーニ…2個
サフランバター（右記参照）…50g
パルミジャーノ（すりおろし）…20g
金箔…1枚

作り方
1. 沸騰した湯で、タリアテッレをボイルする。
2. 1が茹で上がったら、水けをきってボールに入れ、花ズッキーニ、サフランバターを入れて混ぜ合わせ、最後にパルミジャーノを加えてからめる。
3. 皿に盛り、金箔をのせる。

※サフランバター

材料
バター…150g　サフラン…0.9g

作り方
1. バターを溶かし、サフランを加えて混ぜ合わせ、冷蔵保存しておく。

ロンバルディア
Lombardia

ラヴィオーロ 幻のチーズ カステルマーニョとヘーゼルナッツで

渡辺武将

オープンラヴィオーロは、ラヴィオーロの現代的なスタイル。私自身はミラノの星つきレストラン「マルケージ」でこのオープンラヴィオーロと出会い、生地で具材を包まず、そのまま使うという手法に衝撃を受け、自分なりにアレンジしました。ラヴィオーロの生地は、やわらかいトロンとした食感にしたかったので、薄力粉を使用。生地の間に仕込んだのはじゃが芋とカステルマーニョです。北イタリアの山に住む人々の間で作られていましたが、徐々に山から下りて暮らす人が増え、製法が途絶えかけたために幻のチーズと呼ばれている生産量の少ないチーズです。独特の風味ととろける舌触りが特徴で、ソースに向いています。

材料 1人分
ラヴィオーリ（下記参照）…2枚

じゃが芋の詰め物（下記参照）…大さじ2

バター…5g
ローズマリー…1/3本
ヘーゼルナッツ（みじん切り）…適量

作り方
1. ラヴィオーリを塩分濃度1%の湯で3〜4分茹でる。
2. フライパンにバターを入れて火にかけ、ローズマリーを加えて香りづけする。【写A】
3. 1のラヴィオーリを加え、からめる。【写B】
4. 皿にラヴィオーリを1枚のせ、じゃが芋の詰め物をおき、ラヴィオーリを重ねる。【写C】
5. 溶かしバター（分量外）をかけ、ヘーゼルナッツをちらす。【写D】

※ラヴィオーリ

材料 仕込み量
＜生地＞
　薄力粉…350g
　卵…3個

作り方
1. 材料を全て混ぜ合わせ、冷蔵庫でひと晩寝かせる。

※じゃがいもの詰め物

材料 仕込み量
じゃが芋（茹でてつぶしたもの）…中1/3個
カステルマーニョ…40g　バター…5g
パルミジャーノ（すりおろし）…大さじ1強
塩…ひとつまみ　ローズマリー…1/3本

作り方
1. フライパンにじゃが芋を入れて火にかけ、カルテルマーニョ、バターを加えて混ぜ合わせる。【写a】
2. パルミジャーノ、塩、ローズマリーを加えてさらに混ぜ合わせる。【写b】

ロンバルディア
Lombardia

ピッツォッケリ ヴァルテリーナ風

仁保州博

スイスとの国境に近い、ロンバルディア州・ヴァルテッリーナ地方の有名なパスタです。この地域は、寒くて土地が痩せていることから、小麦ではなくそば粉が特産です。その地元特産そば粉を使う点が、ピッツォッケリの特徴です。つながりやすいよう、小麦粉に卵も入ります。幅広のロングパスタにしたり、ここで紹介するように切手大にカットしたりします。このパスタは、ちりめんきゃべつ、じゃが芋にチーズが入るのが定番中の定番の組み合わせ。ソースはセージバターに、にんにくのみじん切りで少し香りをつけ、淡泊な風味の中で、繊細なそば粉の香りを楽しみます。私はイタリアと国産のそば粉を半々で使っています。

材料 2人分
ピッツォッケリ（下記参照）…100g
ちりめんきゃべつ…3〜4枚
じゃが芋…1/2個
フォンティーナ（すりおろし）…20〜30g
グラナパダーノ（すりおろし）…適量
にんにく（みじん切り）…適量
サルビア…適量
バター…適量
ブロード・ディ・ポッロ…適量

作り方
1. じゃが芋は、塩茹でにしておく。
2. 沸騰した湯に、ピッツォッケリとちりめんきゃべつを入れてボイルする。
3. バターを熱した鍋ににんにくを入れて加熱し、セージを入れて香りが出たら、ブロードを入れて火の入りを止める。
4. 2が茹で上がったら、3に加えて和える。
5. 4の材料がからんだら、フォンティーナとグラナパダーノを加えて和え、味を調える。
6. 皿に盛る。

※ピッツォッケリ

材料 仕込み量
イタリア産そば粉…90g
国産そば粉…90g
00粉…85g
水…110g

作り方
1. 材料をすべて混ぜ合わせて、よくこねる。
2. ひとまとめにしたら、寝かさずにパスタマシンで3mm厚さにのばし、切手大にカットする。

ロンバルディア
Lombardia

カゾンセイ

直井一寛

カゾンセイは、ロンバルディアに伝わる詰め物パスタ。その形から、半ズボンを意味する「カルゾンチーニ calzoncini」が語源と言われていて、その方言でカゾンセイと呼ばれているそうです。ただし形はいろいろで、誰に教わったかで形は変わるそうです。今回作った写真手前の半ズボン型以外に、写真奥の餃子のような形のものもあります。中に詰めるのは、ベーシックなサルシッチャとチーズ。それだけだと重そうですが、チーズと同量のパン粉も入れます。パン粉が入るため、食べ応えはあっても、食感は軽くなります。

材料 2人分
カゾンセイ（下記参照）…10個

バター…適量　パルミジャーノ（すりおろし）…適量

作り方
1. 沸騰した湯で、カゾンセイをボイルする。
2. 茹で上がったら、水けをきって皿に盛る。
3. 鍋にバターを溶かし、2にかける。パルミジャーノをふる。

※カゾンセイ

材料 仕込み量
＜パスタ生地＞
　硬質小麦…300g
　卵…153g
　塩…少々
＜詰め物＞
　サルシッチャ…100g
　パルミジャーノ（すりおろし）…50g
　生パン粉…30g

作り方
1. パスタ生地を作る。硬質小麦はふるいにかけ、塩と混ぜ合わせておく。
2. 1に溶きほぐした全卵を全体に均一に混ぜ合わせ、軽くまとめる。
3. 軽く練り上げてボールに入れ、ラップをして、常温で約20分寝かせる。
4. 3を取り出し、生地が馴染んできているので表面がなめらかになるように練り上げて、真空機で真空にして、冷蔵庫で2時間寝かせる。
5. 詰め物を作る。材料を全部ボールに入れ、混ぜ合わせる。【写a】
6. 成形する。4のパスタ生地はパスタマシンで0.9～1mmの厚さにのばす。【写b】
7. 6の生地を、8cm×10cmにカットする（6cmのセルクルで抜いてもよい）。【写c】
8. 生地の中央に5をのせ、半分に折りたたんで合わせ目を押さえてとじる。【写d】
9. さらに両端を手前に折り曲げる（セルクルの場合は半分にたたんで閉じ、底辺を押さえる）。【写e】
10. バットに粉を打ち、並べて軽く乾かす。

そば粉のスペッツレ カキと雪下庄内あさつきのソース

北村征博

スペッツレという、イタリア語の語感と少し異なる名前でもわかる通り、ドイツ語圏のトレンティーノ＝アルト・アディジェに伝わるパスタです。オーストリアなどではシュペッツレと呼ばれ、肉のつけ合わせにされることが多い料理です。それがイタリアに入ると、パスタとして楽しまれています。独特の不規則な形は作り方によるもので、どろどろの生地を、その名もスペッツレという道具に入れて、お湯の中に落としながら茹でるためです。このパスタは、私はカキの美味しいシーズンによく作ります。カキはソースの中で温め、身が膨れてきたら取り出し、スペッツレと一緒に余熱で火を入れるようにします。

材料 1人分
そば粉のスペッツレ…80g

カキ…120g
雪下庄内あさつき…40g
にんにく（みじん切り）…少々
唐辛子（みじん切り）…一つまみ
E.X.V. オリーブオイル…大さじ1

＜そば粉のスペッツレ（12人分）＞
　そば粉…250g
　強力粉…250g
　卵…1個
　塩…5g
　水…480g

作り方

1. スペッツレは、ボールにすべての材料を入れて混ぜ合わせ、2時間休ませておく。
2. 鍋にオリーブオイルとカキ、水適量を入れて火にかける。
3. カキが温まってきたら、にんにくと唐辛子を加えてさっと炒める。【写A】
4. 牡蠣に火が入ったら取り出し、雪下庄内あさつきを加えてさっと加熱し、カキを取り出す。
5. スペッツレ用の機具を鍋にセットし、1を入れて塩分濃度2%の湯に落とし入れる。【写B、C】
6. 浮いてきたら引き上げ、水けをきり、4の鍋に入れる。【写D】
7. 4で取り出したカキを戻し、和える。オリーブオイルを加えて乳化させて器に盛りつける。【写E】

トレンティーノ＝
アルト・アディジェ
Trentino-Alto Adige

ビーツを詰めたライ麦のボルセッリ　くるみバターソース

飯出晃一

トレンティーノで働いていた店で覚えたパスタです。山岳地帯が多くを占めて土地が貧しいこの地域では、小麦ではなくライ麦がよく作られ、パスタに使われます。ボルセッリもライ麦を使った詰め物パスタです。エミリア＝ロマーニャでいうラビオリで、修業した店では「小さなカバン」を意味するこの名前で呼ばれていました。ライ麦だけではグルテンが出ないので、薄力粉を加え、卵と牛乳で練るのが特徴です。詰め物には、現地でよく用いられるビーツを使いました。詰め物パスタはソースを中に閉じ込めるイメージですので、上にかけるソースはシンプルにクルミバターです。それ以外では、クリームソースでも美味しく食べられます。

材料 4人分
ボルセッリ（下記参照）…20個

クルミ…30g
バター…30g

作り方
1. 沸騰した湯で、ボルセッリをボイルする。
2. 茹で上がったら湯きりし、器に盛る。
3. フライパンでくるみとバターを熱し、バターが少し焦げたら2にかける。

※ボルセッリ

材料
<ライ麦パスタ生地>
　ライ麦…125g
　薄力粉…125g
　卵黄…2個
　牛乳…100cc
　塩…適量
　E.X.V. オリーブオイル…適量

<詰め物>
　ビーツ…2個
　じゃが芋…2個
　パルミジャーノ（すりおろし）
　　…30g
　塩…適量

作り方
1. ライ麦パスタ生地を作る。材料を全てボールに入れてよく練り、ひとまとめにして、冷蔵庫で1時間ほど寝かせる。
2. 詰め物を作る。ビーツとじゃが芋は、それぞれ皮つきのまま、3％の塩を加えた湯でボイルする。
3. 2のビーツは皮をむいてジューサーでピューレに、じゃが芋は皮をむいてポテトマッシャーで裏漉しにする。
4. 3とパルミジャーノを混ぜ合わせ、塩で味を調え、リピエノとする。【写a】
5. 1を取り出して手で平らにのばし、パスタマシンにかけ、1mm厚さにのばす。丸型のセルクルで抜く。【写b】
6. セルクルで抜いたライ麦パスタ生地に3をのせ、半分に折り畳み、ボルセッリとする。【写c】

シュルツクラプフェン

トレンティーノ＝
アルト・アディジェ
Trentino-Alto Adige

北村征博

料理名の「シュルツ」は南チロル地方の、「クラプフェン」は揚げパン、ドーナッツの意味で、元々は南チロル地方のドーナッツという意味の料理です。パスタ料理ですが、茹でたパスタに焦がしバターをかけ、バターの香ばしい香りが美味しいことから、揚げものの意味になったのでしょうか。この料理はドイツ圏由来らしく、皮にライ麦を使うところが特徴です。中はほうれん草、カッテージやリコッタと、玉ねぎを炒めたもの。仔羊の脳みそ、豚肉でも作ります。ここでは豚肉を使いました。さらに、自家製のクラウティ（ザワークラウト）の酸味、ジュニパーベリーの香りが個性的です。なおクラウティは、せん切りにしたきゃべつに2％の塩をしてよくもみ、出てきた汁に漬けてそのまま置く。夏場だと2〜3日で発酵して、独特の風味が出ます。

材料 約8人分
シュルツクラプフェン（下記参照）…64個

シブレット…8g
バター…100g

作り方
1. 沸騰した湯でシュルツクラプフェンをボイルする。
2. フライパンにバターを入れて火にかけ、焦がしバターを作る。
3. 1が茹で上がったら、水けをきって器に盛りつけ、カットしたシブレットをちらし、2をかける。

※シュルツクラプフェン

材料 約8人分
＜パスタ生地＞
　ライ麦粉…150g　小麦粉…100g
　卵…1個　水…60cc
　E.X.V. オリーブオイル…少々
＜詰め物＞
　豚ウデ肉…200g
　クラウティ（酸味のあるもの）…100g
　ジュニパーベリー（みじん切り）…少々
　白胡椒…少々

作り方
1. パスタ生地を作る。生地の材料をすべて混ぜ合わせて練り、丸めてラップをかけ、1日休ませる。
2. 詰め物を作る。豚肉は挽き肉器にかけ、やわらかくなるまで塩水で煮たら、クラウティ、ジュニパーベリー、白胡椒を加えて混ぜ、詰めものとする。
3. 1を薄くのばし、2を詰め、半月のラビオリを作る。

ウリ坊のジランドラ

トレンティーノ＝アルト・アディジェ Trentino-Alto Adige

北村征博

トレンティーノ＝アルト・アディジェのパスタで、現地のレストランで見られます。料理名は「巻く」を意味するジラーレから来ています。詰め物パスタの一種で、生地に詰め物をのせ、生地をたたんでから巻き上端のみをしっかりと留めて成形します。詰め物にはあまり決まりはなく、ここでは、身がピンク色でうま味があって淡い、猪の子供のウリ坊の肉を使い、野菜は加えずしっかりした味にします。生地は卵黄を多くし、もっちりした感じに仕上げ、厚さは0.8～1mmくらいに薄くのばして使います。茹でたら、ウリ坊でとっただしに入れてからめます。仕上げとして、西洋わさびをすってかけました。西洋わさびは、北の地域では生クリームと合わせたりボリートミストに使ったりと、よく使う素材で、爽やかな香りが食欲を刺激します。

材料 約10人分
ジランドラ（下記参照）…40個

ウリ坊の煮汁（下記参照）…適量
ホースラディッシュ…少々　オリーブオイル…少々

作り方
1. 沸騰した湯で、ジランドラをボイルする。
2. ウリ坊の煮汁を温め、1が茹で上がったら、加えて軽く煮込む。
3. 煮汁とともに器に盛りつけ、オリーブオイルをふり、すりおろしたホースラディッシュを添える。

※ジランドラ

材料 約10人分
＜パスタ生地＞
　卵…1個　卵黄…5個分
　強力粉…200g　塩…少々
　オリーブオイル…少々
＜詰め物＞
　ウリ坊骨つき肉（ウデ、バラなど）
　　…1kg
　塩…適量

作り方
1. 詰め物を作る。ウリ坊は、骨ごと塩茹でにする。1時間ほど茹でてやわらかくなったら、骨から身を外してほぐし、煮汁は煮詰める。
2. 1の煮汁の半量は、1のほぐした身と合わせて、ペースト状になるまで煮詰める。残り半量の煮汁は取っておき、別途、ジランドラの茹で汁に用いる。【写a】
3. パスタ生地を作る。材料をすべて合わせてよく練り、丸くまとめてラップをし、1日休ませる。【写b】
4. 翌日、生地をパスタマシンで0.8～1mm厚さにのばし、7×14cmにカット。全卵をぬる。【写c】
5. 詰め物を細長くのせ、二つ折りにしてしっかり包む。【写d】
6. 端からくるくると丸め、上端のみをしっかりと留める。【写e】

トレンティーノ＝
アルト・アディジェ
Trentino-Alto Adige

チャロンチェ

北村征博

トレンティーノ＝アルト・アディジェ州の、南半分を占めるトレント自治県。ドロミーティ渓谷のほぼ中央部に当たるファッサ谷の町・モエーナで食べられている料理です。じゃが芋で作る生地は、見た目でも想像できる通りのふわふわで、口に入れた瞬間に溶けて、ほとんど残りません。どちらかというと、ニョッキを非常にやわらかくしたものに似ています。詰め物には、バター炒めにしたほうれん草が使われます。それをバターとパルミジャーノのソースで食べるのが、チャロンチェの特徴です。やわらかな生地は扱いづらいのですが、パスタとしては珍しく、関心を持たれるお客様も多い料理です。詰め物は、煮込みの肉やチーズを入れても面白いと思います。

材料 約4人分
チャロンチェ（下記参照）…20個

バター（ソース用）…80g
パルミジャーノ（すりおろし）…60g

作り方
1. 鍋にソース用のバターと水（分量外）を入れて火にかける。
2. 沸騰した湯で、チャロンチェをボイルする。
3. 2が茹で上がったら、1に加え、パルミジャーノを加えて乳化させる。
4. 器に盛りつける。

※チャロンチェ

材料 4人分
じゃが芋…300g 卵…1個 強力粉…30〜60g
塩…適量 ほうれん草…300g バター（ソテー用）…30g

作り方
1. じゃが芋は、塩茹でにして皮をむき、マッシャーでつぶす。
2. 1に卵、強力粉、塩を加えて混ぜる。1個試し茹でをして、やわらかい仕上がりになるよう、粉の量を調整する。
3. ほうれん草は塩茹でにし、水分を絞り、細かくカットし、バターでソテーする。
4. 2をクッキングシートの上でのばし、3を詰めて、5cm角のラビオリを作る。

トレンティーノ＝
アルト・アディジェ
Trentino-Alto Adige

ストランゴラプレティ

北村征博

トレンティーノ＝アルト・アディジェの伝統的な料理です。ほうれん草の産地として、地元ではほうれん草を使った料理があります。これもその一つで、ほうれん草の団子のような料理です。余ったパン、卵とパルミジャーノなど、少ない材料でお腹一杯になる経済的な料理で、カロリーも高いため寒い冬にもよく食べられています。サルビアバターソースでシンプルに味わいます。

材料 10個分
パン（5mm角切りを軽く乾燥させたもの）…60g　卵…1個
ほうれん草（茹でて水分を絞り、みじん切りにしたもの）…80g
パルミジャーノ（すりおろし）…20g　塩…少々

バター…40g　セージ…8枚

パルミジャーノ（すりおろし）…20g

作り方
1. パンに卵、塩、ほうれん草とパルミジャーノを加え、混ぜる。冷蔵庫で2時間休ませる。
2. 1を団子状に丸め、粉をまぶし、15分くらい塩茹でにする。
3. 鍋にバター、水、セージを入れて温める。
4. 2が茹で上がったら3に入れ、火から外し、乳化させて皿に盛る。

トレンティーノ＝
アルト・アディジェ
Trentino-Alto Adige

カネーデルリ イン ブロード

飯出晃一

夏でも涼しい、トレンティーノ＝アルト・アディジェで食べられている、パンの団子のようなパスタです。やはり地元が発祥の、燻製プロシュットのスペックを使うのが特徴です。残り物のパンを使って、団子状に成形してブロードで煮ます。パンはフォカッチャの残りのほか、現地ではライ麦パンの残りを使うこともあります。熱々を食べるのが醍醐味ですので、ここでは耐熱容器で調理し、そのまま皿にのせました。ブロード以外では、ゴルゴンゾーラのクリームソースやトマトソースで食べたりしても美味しく食べられます。

材料 4人分
スペック（燻製生ハム 5mm角切り）…100g
硬めのパン…160g　牛乳…150cc
卵…2個　パセリ（みじん切り）…1枝分
ペコリーノ・ディ・モンターニャ（すりおろし）…60g
薄力粉…50g　ナツメグ…適量　塩・胡椒…各適量
ブロード・ディ・ポッロ…1.5ℓ
E.X.V. オリーブオイル…適量

作り方
1. スペックは、フライパンでカリカリになるまで炒める。
2. パンは牛乳に浸し、やわらかくなったら5mm角にカットする。
3. ボールに1、2と卵、パセリ、ペコリーノ、薄力粉を入れ、よく混ぜ合わせたら、塩、胡椒で味を調え、30分休ませる。
4. 休ませたものは、3cm大に丸める。
5. ブロードを鍋で沸騰させ、4を入れて10分ほど煮る。
6. 5は塩、胡椒で味を調え、熱した耐熱容器にブロードとともに盛り、オリーブオイルをかける。

トレンティーノ＝
アルト・アディジェ
Trentino-Alto Adige

緑のカネーデルリ

渡辺武将

州内を南北に流れるアディジェ川岸のサロルノを境にして、北側がボルツァーノを県都とするアルト・アディジェ地区です。ドイツ文化圏に属していることから、パンから作る団子のようなパスタ・カネーデルリが郷土料理の一つ。現地ではカネーデルリに生ハムやサラミを入れるケースが多いですが、ベジタリアンの方にリクエストされて考えたレシピなので、あえてほうれん草だけで勝負。北イタリアで多用されるバターやチーズは、ほうれん草と相性がいいので使いました。ほうれん草は、塩茹でする際にきちんとアクを取るなど丁寧に下ごしらえ。パン粉は自家製パンの端を乾燥させたものを使い、モッツァレラはイタリアから空輸したものです。ソースは焦がしバターにチーズ・グラナ・パダーノを溶かしたもの。最後に黒胡椒をたっぷりかけるのがポイントです。

材料 1人前
カネーデルリ（右記参照）…3個

バター…20g　グラナ・パダーノ（すりおろし）…20g
黒胡椒…適量　松の実…適量

作り方
1. カネーデルリは、沸騰した湯でボイルする。
2. フライパンで焦がしバターを作り、1が茹で上がったら入れ、グラナ・パダーノを加える。
3. 1の茹で汁を適量加えてとろみを調節し、皿に盛る。黒胡椒をふり、松の実をちらす。

※カネーデルリ

材料 仕込み量
ほうれん草（塩茹でしたもの）…2束
牛乳…300cc　パン粉…300g
卵…3個　パルミジャーノ（すりおろし）…80g
モッツァレラ……20g

作り方
1. ほうれん草と牛乳をミキサーにかける。
2. 1と残りの材料を混ぜ合わせて団子状にする。

トレンティーノ＝
アルト・アディジェ
Trentino-Alto Adige

ポルチーニのカネーデルリ

北村征博

同じ文化圏のドイツやオーストリアで食べられている、クネーデルが元になっている食べ物です。本来は冬場の食べ物ですが、この地方の名物料理として定着していて、夏でも食べることがあります。食材を無駄なく使って作る、スープに浮かべた素朴なパン団子で、ここでは地の食材を使って、イタリア風に仕上げました。崩しながら、スープと一緒に食べます。実はこの地域は、前菜、プリモ、セコンドといった意識が希薄なところで、ピアットウニコのように一皿で食事を終えてしまう料理が多いのも特徴。この料理も、現地では素朴な感じに仕上げて、お腹一杯になるまでたくさん食べます。仕上げのオイルは米油。油分は必要ですが、ポルチーニの風味は繊細で、オリーブオイルでは負けてしまうため、米油を使っています。

材料 約3人分
パン（5mm角にカットし軽く乾燥したもの）…120g
卵…2個　ポルチーニ…100g
バター…20g
パルミジャーノ（すりおろし）…20g
塩…適量　コーンスターチ…少々
ブロード・ディ・ポッロ…600cc
米油…適量

作り方
1. フライパンにバターを熱し、ポルチーニを入れ、ポルチーニの1%の塩をしてソテーする。
2. 1のポルチーニは、7割を細かくカットし、パン、卵、パルミジャーノとともにボールに入れて混ぜ、2時間休ませる。
3. 2は1個50gを取って丸めたら、コーンスターチで少しとろみをつけた塩水で15分ほど茹でて取り出す。
4. 鍋にブロードを温め、2で残したポルチーニをスライスして入れ、3とともに皿に盛る。米油をかける。

トレンティーノ＝
アルト・アディジェ
Trentino-Alto Adige

カネーデルリ プレサーティ

北村征博

カネーデルリは、パンを使った団子で、ブロードに入れて食べるというイメージが強いのですが、これはまた別の料理。プステリア渓谷付近で食べられている料理です。チーズをたっぷりと入れ、フライパンで両面をこんがりと焼き上げるのが特徴です。チーズは、個性的な香りのグラウケーゼや青かびチーズを入れます。パンという小麦粉に加え、きゃべつが入り、卵、玉ねぎも入ることから、材料的にはお好み焼きに近い。食べ歩きの際にこの料理に出会い、どこか懐かしい味わいに感動して、これを学びたいと修業先をこの地域に決めた、私にとっては思い出深い料理です。つけ合わせには即興的なクラウティを添えました。非常に重いカネーデルリなので、ビネガーの酸味とクミンの香りで、舌をリフレッシュさせます。

材料 70個分
玉ねぎ（5mm角切り）…大1個分
ポロねぎ（5mm角切り）…大1/2本
きゃべつ（5mm角切り）…大1/8玉分
E.X.V. オリーブオイル…少々
パン（5mm角切りを軽く乾燥させたもの）…600g
卵…1個　ゴルゴンゾーラ・ドルチェ…500g
グラウケーゼ…300g　青かびチーズ（香り強めのもの）…200g
セモリナ粉…適量　塩・胡椒…各適量

イタリアンパセリ（みじん切り）…ひとつかみ
パルミジャーノ（すりおろし）…適量　バター…適量

＜つけ合わせ＞
　きゃべつ（せん切り）…適量　塩…適量
　白ワインビネガー…適量　米油…適量　クミン…適量

作り方
1. オリーブオイルを熱した鍋で玉ねぎを炒め、透き通ってきたらポロねぎを加える。弱火で5分ほど炒めたら、きゃべつを加えて炒め、火を止め、冷ます。
2. ボールにパン、卵を入れ、軽く塩、胡椒をして馴染ませる。
3. 青かびチーズは、硬いものは細くカットし、グラウケーゼなどのやわらかいものは手でつぶす。
4. 2のボールに1と3を加え、混ぜる。冷蔵庫で2時間休ませる。
5. 4を1個45gに取り、楕円形に成形し、セモリナ粉をまぶす。
6. オリーブオイルを熱したフライパンで5の両面をこんがりと焼き上げたら、蒸し器で12分ほど蒸す。
7. つけ合わせを作る。きゃべつはせん切りにし、塩、白ワインビネガー、クミンと米油で味つけする。
8. 6は中まで火が通ったら取り出し、器に盛りつけて、イタリアンパセリ、パルミジャーノをふる。7を添える。
9. 鍋で焦がしバターを作り、7にかける。

カソンセイ

北村征博

ヴェネト州で、トレンティーノ＝アルト・アディジェとの州境に近いリゾート地のコルティーナ・ダンペッツォに伝わる料理です。夏場も涼しく、保養地で人が集まるこの町の名物といえるでしょう。料理名（casonziei）からも分かる通り、イタリア語の語感があまりなく、ドイツ圏の影響を強く受けた料理といえます。半月型か三角型にすることが一般的で、ビーツと蕪の詰め物が使われます。このため、白いパスタを割ると中からは鮮やかな赤い色が出て来て印象的です。ビーツの甘みがきいていますので、寒い地元で口にすると、ほっと安らぎます。季節の深まりによってビーツの味がのってきますので、ガツンと来る強い味わいになります。仕上げに、必ずポピーシードをふります。

材料 約3人分
カソンセイ（下記参照）…27個
ケシの実…少々
パルミジャーノ（すりおろし）…30g
バター…60g

作り方
1. 沸騰した湯で、カソンセイをボイルする。
2. 鍋にバターと、分量外の水少量を入れて火にかけ、ソースとする。
3. 1が茹で上がったら、水けをきって2に入れ、ソースとからめる。パルミジャーノを入れて乳化させ、皿に盛る。ケシの実をふる。

※カソンセイ

材料 約3人分
強力粉…100g
卵…1個
ビーツ…中1個
蕪…小1個
じゃが芋…小1個
塩…少々

作り方
1. ビーツはアルミホイルに包み、オーブンで1時間半ほど入れて火を通しておく。じゃが芋と蕪は塩茹でにしておく。
2. 強力粉と卵を混ぜてよく練り、まとめたらラップをかけ、休ませておく。
3. 1のビーツはおろし金でおろす。1のじゃが芋と蕪はマッシャーでつぶす。
4. 3の材料をすべてボールで混ぜ合わせ、塩で味を調える。
5. 2の生地は、パスタマシンで薄くのばす。
6. 丸型で抜き、4をのせ、成形する。

ビーゴリ うずらとアーティチョークのラグー 黒オリーブ風味

ヴェネト Veneto

浅井 努

ヴェネトを代表するパスタといえば、ビーゴリ。水分が少なめの固い生地で、ミキシングマシンがなければ、手でこねてローラーでのばすという作業を何度も繰り返して、生地をつなぎます。トルキオで押し出すと、太さは3〜4mmと太め。噛みしめて味わうタイプのパスタで、表面がザラザラとしているため、ソースによくからみます。具材として選んだのはアーティチョーク。アーティチョークの良さを消さないよう、合わせる肉はやさしいだしがとれるウズラ。ビーゴリは、じっくり煮込んだ肉のソースと合わせるイメージですが、ウズラを美味しく食べるために全体に熱が入った程度で火入れを止めて、軽いラグーに仕上げました。

材料 1人分
ビーゴリ(右記参照)…80g

アーティチョーク(固い部分と産毛を取り除いて2mm幅にスライス)…小1個
ブロード・ディ・ポッロ…50cc
白ねぎ…10g

E.X.V. オリーブオイル…30cc(アーティチョーク用、パンチェッタ用、トッピング用各10cc)
にんにく…1片 タカノツメ…ひとつまみ
ウズラの肉(ムネ肉、モモ肉合わせたもの)…50g
塩・胡椒…各適量 自家製トマトジャム(182ページ参照)…30g
黒オリーブのペースト…5g
うずらのブロード(鶏ガラベースのブイヨンに焼いたウズラのガラを入れて煮出したもの)…50ml

パルミジャーノ(すりおろし)…適量

作り方
1. フライパンにオリーブオイルを熱し、アーティチョークを炒めてブロードを加え2〜3分煮て取り出す。
2. 同じフライパンにオリーブオイルを入れて火にかけ、にんにく、タカノツメを入れて香りを出し、ウズラの肉を加えて塩、胡椒し、8割程度火が通ったら取り出す。
3. 同じフライパンに白ねぎを入れて炒め、取り出す。
4. 沸騰した湯で、ビーゴリをボイルする。
5. 3のフライパンにトマトジャム、黒オリーブのペースト、ウズラのブロードを加えて混ぜ合わせる。
6. 4が茹で上がったら水けをきり、1、2、3とともに5に加えてソースと混ぜ合わせる。
7. 皿に盛り、オリーブオイルをかけ、パルミジャーノを削りかける。

※ビーゴリ

材料 仕込み量
デュラムセモリナ粉…200g
強力粉…300g
卵黄…2個
全卵…3個半
E.X.V. オリーブオイル…20cc
塩…ひとつまみ

作り方
1. すべての材料をミキシングマシンで混ぜ合わせる。ミキシングマシンがなければ、手でこね、ローラーでのばして、さらにたたんでのばす作業を繰り返す。
2. ひとまとめにして、一晩寝かせる。
3. 生地をのばしてから、端から巻き取る。【写a】
4. 3の生地は小口からトルキオの穴に入れ、把手を回して押し出す。【写b】
5. 打ち粉をふりながらさばき、25cmほどにカットする。【写c】

ビゴリ 蝦夷鹿と丹波黒枝豆の バローロワイン煮込み和え

渡辺武将

本場・ヴェネトで食べたビゴリの弾力を再現するため、試行錯誤を繰り返した結果、岩手県の南部小麦（中力粉）にたどり着き、理想的な食感が完成しました。ビゴリは太くてボリュームがあり、表面がギザギザしていてソースとよくからみます。ここではソースに蝦夷鹿を使い、軽い煮込みに仕上げました。鹿は12月を過ぎると発情期を迎え獣臭が出てきますが、晩秋から12月までに狩った蝦夷鹿は臭みがありません。それに合わせたのが、同じく晩秋から初冬しか手に入らない丹波の黒枝豆。大粒で味が濃いので、煮込み料理に入れても負けません。ワインはバローロをセレクト。この時期の蝦夷鹿に合わせ、特にミネラルが豊富な土壌で作る軽やかなタイプを選びました。晩秋から初冬にのみ作ることができる期間限定のパスタです。

材料　1人前
ビゴリ（下記参照）…60g

蝦夷鹿の煮込み（右記参照）…30g
丹波黒枝豆（下茹でしたもの）…10粒
バター…5g　花つきのローズマリー…1枝

作り方
1. 沸騰した湯で、ビゴリをボイルする。
2. フライパンで蝦夷鹿の煮込みを温め、黒枝豆を加える。
3. 1が茹で上がったら、水けをきって2に加え、ソースとからめ、バターを落とす。
4. 皿に盛り、花つきのローズマリーを添える。

※蝦夷鹿の煮込み

材料　仕込み量
蝦夷鹿ロースのカブリ肉…500g
赤ワイン（ラ・モッラ産のバローロ）…500cc
玉ねぎ…中1個　塩・胡椒…各適量

作り方
1. 蝦夷鹿ロースのカブリ肉は、1cm大にカットし、塩、胡椒をして、熱した鍋で表面に焼き色をつける。
2. 玉ねぎを加えて炒める。
3. 玉ねぎがしんなりしたらワインを注ぎ、3時間煮込む。煮上がったら塩、胡椒で味を調える。

※ビゴリ

材料　仕込み量
中力粉…380g
全卵…3個
塩…ひとつまみ

作り方
1. 材料を全て混ぜ合わせ、冷蔵庫でひと晩寝かせる。
2. 生地を筒状に丸め、トルキオにセット。【写a】
3. 生地を押し出し、約20cmにカットする。【写b】
4. ポレンタ粉を入れたボールに入れてほぐす。【写c】

イカ墨のタリオリーニ 生イカの細切りのせ

浅井 努

アドリア海から揚がる魚介類が豊富なヴェネト州の名物が、日本でも人気のイカ墨パスタ。このパスタに、季節感とオリジナリティを出したいと考え、生イカをトッピングしました。イカは半生だと甘みが出て美味しいので、食べるときに熱々のパスタと混ぜ、温まった生の状態で食べていただけるよう計算しています。イカは旬の時期に鮮度がいいものを用意し、下処理をしてから1～2日寝かせ、うま味が出てから調理します。イカ墨ソースはトマトベースが多いところを、ここではにんにくの香りをきかせつつ、ポルチーニでさらに深みのある香りとコクを出しました。甘み、酸味の調整のため、自家製トマトジャムも少し足しています。イカ墨もフレッシュなものは香りがいいので、墨袋から取り出して使います。ゲソはブロードで煮てだしとして活用。1皿でイカ1杯を丸ごと使っています。

材料 1人分

タリオリーニ…100g

イカ…40g
フレッシュポルチーニ…30g
白ねぎ…20g
タカノツメ…ひとつまみ
塩…ひとつまみ
E.X.V. オリーブオイル…15cc（ソース用8cc、トッピング用7cc）
にんにく…1片
アンチョビ…5g
自家製トマトジャム（182ページ参照）…35g
ゲソのだし（ゲソの水分が抜けるまで炒めてブロードを加えて漉したもの）…30cc
イカ墨…適量
ブロード・ディ・ポッロ…適量

イタリアンパセリ（みじん切り）…適量

作り方

1. イカは水けを拭き取り、細切りにしておく。
2. フライパンにオリーブオイルを入れて火にかけ、つぶしたにんにくを入れ、香りを出す。
3. ポルチーニ、タカノツメ、塩を加えて炒める。
4. 白ねぎを加えてさらに炒めてから、すべてを一旦取り出す。
5. 同じフライパンにアンチョビを入れ、香りが出たらトマトジャム、ゲソのだしを加えて炒める。
6. イカ墨、ブロードを加える。
7. 沸騰した湯で、タリオリーニをボイルする。
8. 7が茹で上がったら、水けをきって、4で取り出した材料とともに6のフライパンに入れ、ソースとしっかりからめる。
9. 皿に盛りつけ、1をのせ、パセリをちらしてオリーブオイルをふる。

マッケロンチーニ 仔羊とイチヂクの軽いラグー

浅井 努

仔羊はヴェネト州には限りませんが、山が多い地方でよく食べられている食材。イチヂクは、仔羊と一緒に煮込むことで溶け込んでしまっているので、食べたときイチヂクの食感がわかるよう仕上げの際も加えています。また煮込みの際に白ワインを使うのは、ブイヨンだけで煮込むよりわずかな酸味が出て、味のキレがよくなるからです。オリーブも食べたときのアクセントになるように、最後の方に加えます。重宝しているのが自家製のトマトジャム。エシャロット、フレッシュのトマト、ホール缶のトマトを煮詰めてジャム状にしているので、甘み・酸味の調整ができ、味に奥行きが出るので、さまざまな料理に活用しています。マッケロンチーニの生地はコシのある食感を目指して、必要最低限の水でしっかり捏ねるのがポイント。トルキオに専用の金具をつけ、絞り出しています。

材料 1人分

マッケロンチーニ（下記参照）…70g

ドライイチヂク（みじん切り）…1個分
仔羊の煮込み（煮汁込み。下記参照）…100g
パセリ（刻んだもの）…ひとつまみ
黒オリーブ（二等分にカットしたもの）…4個分
塩・胡椒…各適量
ブロード（牛の骨、丸鶏、手羽先、香味野菜を煮出したスープ）
　…70g

E.X.V. オリーブオイル…大さじ1
にんにく…1片
アンチョビ…4g
タカノツメ（みじん切り）…適量
自家製トマトジャム（下記参照）…20g

パルミジャーノ…適量
お好みのペコリーノ…適量
E.X.V. オリーブオイル…小さじ1

作り方

1. フライパンにオリーブオイルを入れて火にかけ、にんにく、アンチョビ、タカノツメ、トマトジャムを加えて混ぜ合わせる。
2. ドライイチヂクを加えて煮る。
3. さらに、オリーブを加えて塩・胡椒を振り、仔羊入れる。にんにくは取り出す。
4. ブロードを加え、具材の香りを移す。
5. 塩分濃度1%の湯でマッケロンチーニを約5分茹でる。
6. 4に5を入れて絡め、塩・胡椒で味を調える。
7. 皿に盛りつけ、パセリをふり、パルミジャーノ、ペコリーノを削りかけ、オリーブオイルをふる。

※マッケロンチーニ

材料 仕込み量
デュラムセモリナ粉…200g
強力粉…300g 卵黄…2個 卵…3個半
E.X.V. オリーブオイル…20cc
塩…ひとつまみ

作り方
1. すべての材料をミキシングマシンで混ぜ合わせる。ミキシングマシンがなければ、手でこね、ローラーで伸ばして、さらにたたんでのばす作業を繰り返す。
2. ひとまとめにして、ひと晩寝かせる。
3. 生地をのばしてから巻き取り、トルキオにマッケロンチーニ用の専用金具をつけて把手を回して押し出す。
4. 打ち粉をふりながらさばき、5cmほどにカットする。

※自家製トマトジャム

材料 仕込み量
エシャロット（みじん切り）
　…500g
トマト（湯むき）…1kg
トマトホール（缶）
　…1.8kg缶 1缶
E.X.V. オリーブオイル…100cc

作り方
1. フライパンにオリーブオイルを熱し、エシャロットをソテーする。
2. しんなりしたら、トマトを加えて煮詰める。
3. ホール缶のトマトをつぶしながら加えて、ジャム状になるまで煮詰める。

※仔羊の煮込み

材料 仕込み量
仔羊の骨つきショルダー（角切り）…1kg
玉ねぎ（みじん切り）…200g
人参（みじん切り）…100g
セロリ（みじん切り）…100g
乾燥ポルチーニ（みじん切り）
　…30g
ドライイチヂク…50g
にんにく…2片
E.X.V. オリーブオイル
　…50cc
白ワイン…100cc
ブロード（鶏、牛骨、香味野菜のブイヨン）…1ℓ
塩・胡椒…各適量

作り方
1. 鍋にオリーブオイルを入れて火にかけ、つぶしたにんにくを入れる。
2. 仔羊を入れて塩、胡椒をふって炒め、白ワインを加えて煮詰める。
3. 別鍋にオイルを熱し、玉ねぎ、人参、セロリを加えて炒め、ソフリットを作る。
4. 2に3と乾燥ポルチーニ、ドライイチヂク、ブロードを加えて蓋をし、30分煮込む。

184　Chapter 3 ＊ 北部イタリアのパスタ

ブレックス 松茸とサンマのソース

杉岡憲敏

パスタマシンで薄くのばした生地を、布切れ状にカットしたパスタは、イタリア各地にあります。そのうちの一つで、フリウリ＝ヴェネチア・ジュリアのパスタがブレックスです。けっこう厚みがあって、しっかりとした食感があるのが、ブレックス。同地はポレンタもよく食べますので、ポレンタ粉を入れたりもします。また農業が盛んなことから野菜や茸が豊富で、特にブリックスは茸と合わせて、ドロドロのスープで食べることが多いようです。私の店ではスープ仕立てはしないので、生地自体に茸の香りをつけ、さらに松茸の香りを活かして、カルトッチョにしました。松茸の季節柄、サンマの青魚らしい個性がよく合います。

材料
ブレックス（下記参照）…30g

サンマ（三枚におろしたもの）…1/2尾分
野菜のブロード…80cc
ホンビノス貝の煮汁…30cc
松茸…12g
白ワイン…10cc
にんにくオイル…15cc
E.X.V. オリーブオイル…適量
塩・胡椒…各適量

すだち…1/4個
すだちの皮（細切り）…適量

作り方
1. フライパンににんにくオイルを熱し、塩、胡椒をしたサンマをソテーする。
2. 表面の色が変わったら、ブロードとホンビノス貝の煮汁を入れ、軽く煮詰める。
3. 沸騰した湯で、ブレックスをボイルする。
4. 3が三分茹でほどになったら、水けをきって2に入れ、ソースとからめ、塩で味を調える。
5. 松茸を入れてさっとからめ、すだちを絞り、すだちの皮をのせ、オリーブオイルを加えたら、紙で包む。
6. 180℃のコンベクションオーブンに3分入れ、皿に盛りつける。

※ブレックス

材料 仕込み量
00粉…670g
椎茸（パウダー）…30g
ブラックココア…16g
卵黄…600g
水…20〜60cc
E.X.V. オリーブオイル…10cc
塩…2g

作り方
1. 小麦粉と椎茸パウダーを合わせておき、残りの材料を加えてこねる。ラップにくるんでひと晩休ませる。
2. 翌日取り出し、パスタマシンで目盛りを調節しながら同じ方向に数回通して1.5mm厚さにする
3. パイカッターで周りをととのえながら切り分ける。なるべく同じ大きさにカットする。

パリア エ フィエーノ

町田武十

2色のパスタを生クリームやチーズで和え、ポルチーニで香りを添えた「パリア　エ　フィエーノ」はエミリア＝ロマーニャの郷土料理です。パリアとは「麦わら」を、フィエーノとは「干し草」の意で、麦わら（生成り）と干し草（緑）の2色をイメージにした自家製パスタを使います。特徴はボローニャ地方の伝統的なソーセージ・モルタデッラを使っている点です。生クリームやチーズの濃厚なコクとよく合い、香り高いポルチーニを加えてさらに味を高めます。また、ソースの決め手は火加減です。ポルチーニを加えたあとは強火で火入れをし、水っぽくならないよう食感を生かします。生クリームを加えたあとも充分に火を入れることがポイントです。乳の臭みが消え、すっきりとした味わいに仕上がります。

材料 2人分
- 生パスタ（生成り。下記参照）※…30g
- 生パスタ（緑。下記参照）※…30g
- バター（無塩）…30g
- にんにく（半割りして芯を取ったもの）…1片分
- ポルチーニ（細かく裂いたもの）…100g
- エシャロット（みじん切り）…10g
- 生クリーム（35％）…150g　モルタデッラ（スライス）…80g
- パルミジャーノ…適量
- モルタデッラ（飾り用。スライス）…適量

作り方
1. ソースを作る。フライパンにバター、にんにくを入れて火にかけ、色づいて香りが出たらにんにくを取り出してポルチーニとエシャロットを加えて炒める。【写A】
2. 1に生クリームを加えて軽く煮詰め、ソースとする。【写B】
3. 沸騰した湯で、手打ちパスタをボイルする。生成りのパスタから鍋に入れ、やや時間をおいてから緑のパスタを投入する。
4. パスタが茹で上がったら、水けをきる。2にパスタの茹で汁を少量加えてのばしてから、パスタを加えて和える。【写C】
5. モルタデッラとパルミジャーノを加えて軽く混ぜ、皿に盛る。モルタデッラを添える。

※生パスタ（生成り）

材料 仕込み量
- セモリナ粉…250g
- 塩…1つまみ　卵…115g
- オリーブオイル…6g

作り方
1. ボールにセモリナ粉と塩を入れて混ぜる。卵とオリーブオイルを合わせて混ぜ、粉に少しずつ加えながら、生地をこねてひと固まりにする。
2. ラップで包み、2～3時間常温で寝かせる。途中、1時間おきにこねる。
3. パスタマシンで1.5mm厚さにのばしたら、約1cm幅にカットする。

※生パスタ（緑）

材料 仕込み量
- 00粉…150g　セモリナ粉…50g
- 塩…1つまみ
- ほうれん草（下茹でしてミキサーで撹拌したもの）…40g
- 全卵…50g　オリーブオイル…5g

作り方
1. ボールに00粉、セモリナ粉と塩を入れて混ぜる。ほうれん草を加えて全体をよく混ぜる。
2. 卵にオリーブオイルを加えてほぐし、1に少しずつ加えながら、生地をこねてひと固まりにする。
3. ラップで包み、2～3時間常温で寝かせる。途中、1時間おきにこねる。
4. パスタマシンで1.5mm厚さにのばしたら、約1cm幅にカットする。

モデナ風スパゲッティ

町田武十

エミリア=ロマーニャ州のほぼ中央に位置するモデナは、バルサミコ酢で有名な町。モデナでは、トマトソースに赤パプリカを合わせた色鮮やかなパスタが長く愛されています。今回はラ・テラ・エ・イル・チェロのオーガニックスパゲッティ（1.8mm）を使い、私の店では3％の塩加減で茹でています。パスタに塩分をきかせるため、ソースの塩分はきつくなりすぎないよう調節し、味のバランスをとっています。また、自家製トマトソースはトマトホール缶のほか、熟した生のトマトを加えることで、野菜の甘み、うま味を足してトマトの独特な酸味をやわらげます。仕上げには、短冊状の生ハムをちらして立体感のある表情に仕上げました。

材料 1人分
スパゲッティ（ラ・テラ・エ・イル・チェロ）…100g

赤パプリカ…1/4個
オリーブオイル…適量
バター（無塩）…10g
にんにく（半割りにして芯を取ったもの）…1片分
生ハム…25g
トマトソース（下記参照）…50g

パルミジャーノ（すりおろし）…適量
生ハム（仕上げ用）…適量

作り方
1. パプリカは炙って皮をむき、種を取り除いて細切りにしておく。
2. フライパンにオリーブオイル、バターとにんにくを入れて火にかけ、1と生ハムを加えて炒める。
3. 2にトマトソースを加え、5～6分煮る。
4. 沸騰した湯で、スパゲティをボイルする。
5. 4が茹で上がったら、水けをきって3に入れ、ソースとからめる。パルミジャーノを加えて軽く混ぜ合わせる。
6. 皿に盛りつけ、生ハムを添えてパルミジャーノをちらす。

※トマトソース

材料 仕込み量
にんにく（つぶしたもの）…4個分
オリーブオイル…適量
玉ねぎ（みじん切り）…1.5個分
トマトホール（缶）…5100g
水…2550g
岩塩…80g
砂糖…10g
バジリコ（ガーゼで包んだもの）…2枝分

作り方
1. フライパンにオリーブオイル、にんにくを入れて火にかけ、香りがでたら、玉ねぎを加えて炒める。
2. トマトホール、水、岩塩、砂糖とバジリコを加えて混ぜ、2時間ほど煮込む。ひと晩寝かせたあと、バジリコを取り出す。

ガルガネッリ

町田武十

ガルガネッリは、エミリア＝ロマーニャ州の伝統的なパスタの一つです。ムリーノ・マリーノ社の 00 粉を使った自家製パスタには、パルミジャーノとナツメグを生地に加えてコクと風味を足しています。ナツメグをきかせる点がエミリア＝ロマーニャの郷土料理の特徴で、ラグーのソースにもアクセントにきかせています。ソースに加える鶏レバーと仔牛モモ肉は挽き肉にして使うことが一般的ですが、今回はあえて約 1cm の角切りにして肉の存在感を残しました。また、仕上げに添えた生ハムは、私のオリジナルです。郷土料理の基本としては、ハムはソースの具材として加え、火が入った状態で盛りつけます。

材料 1人分
- ガルガネッリ（下記参照）…40g
- ロマーニャ風ラグー（下記参照）…適量
- A（ベシャメルソース、イタリアンパセリ、生ハム）各適量

作り方
1. ガルガネッリはアルデンテの状態に茹でる。（目安：約 7 分）
2. 別のフライパンにロマーニャ風ラグーを入れ、1 を加えて全体を和える。皿に盛り、上部に A を添える。

※ロマーニャ風ラグー

材料 6人分
- 玉ねぎ（みじん切り）…1/2 個分
- 人参（みじん切り）…1/3 本分
- バター…40g
- 生ハム…20g
- 鶏レバー（約 1cm 角切り）…130g
- 仔牛モモ肉（約 1cm 角切り）…80g
- トマトホール（缶）…400g
- 鶏のブロード…100g
- ベシャメルソース（92 ページ参照）…50g
- イタリアンパセリ（みじん切り）…適量
- ナツメグ…適量
- 塩・胡椒…各適量

作り方
1. フライパンにバターと生ハムを入れて火にかけ、ハムの香りがでたら玉ねぎ、人参を加えて炒める。
2. 野菜がしんなりしたら、仔牛モモ肉と鶏レバーを加えて炒める。
3. 2 にトマトホールを加え、ひと煮立ちさせる。
4. ブロード、ベシャメルソース、イタリアンパセリ、ナツメグを加えて約 20 分煮込む。塩、胡椒で味を調える。

※ガルガネッリ

材料 仕込み量
- 00 粉（ムリーノ・マリーノ社）…115g
- パルミジャーノ（すりおろし）…20g
- ナツメグ（すりおろし）…適量
- 卵…1 個

作り方
1. ボールに卵以外の材料を入れて混ぜ合わせる。
2. 1 に溶き卵を少しずつ加えながら、生地をこねてひとまとめにする。
3. ラップで包み、2〜3 時間常温で寝かせる。途中、1 時間おきにこねる。
4. パスタマシンで 1mm 厚さにのばす。3cm 四方にカットし、棒に巻きつけてペッティネで成形する。

甘鯛のラサ

エミリア=ロマーニャ Emilia-Romagna

北村征博

ラサは、エミリア=ロマーニャが発祥で、「剃る」「削る」を意味するイタリア語の「ラサーレ」からその名がつけられたパスタです。目の粗いチーズおろしを使って、まさに削るようにして作るユニークなパスタで、そのため一見するとやわらかく炊いたリゾットのような見た目になります。ねっとりとして他に似たものがない食感も特徴です。また、ソースをよく吸うパスタですので、だしのうま味を活かせる素材を合わせます。ここでは甘鯛を合わせ、ラサは魚介に合わせるために卵の割合を少な目にした配合にしています。甘鯛は水っぽい魚ですので、塩をして余分な水分を抜いてから使うようにします。

材料 1人分
- ラサ（下記参照）…80g
- 甘鯛（フィレ）…60g
- 塩…適量
- 甘鯛のだし（甘鯛の頭と骨を水で煮出したもの）…60g
- チェリートマト（ドライ）…8個
- イタリアンパセリ…一つまみ
- にんにく（みじん切り）…少々
- E.X.V. オリーブオイル…適量
- 唐辛子（みじん切り）…一つまみ

＜ラサ（10人分）＞
- 強力粉…500g
- じゃが芋…150g
- 卵…1個
- 水…50cc

作り方
1. ラサの生地を作る。じゃが芋は皮つきのまま塩茹でにし、マッシャーでつぶす。
2. 1にラサの残りの材料を加えて混ぜ合わせ、半日寝かせておく。【写A】
3. 2の生地は目の粗いチーズおろしに圧しつけるようにして削る。セモリナ粉をつけて削ると作業しやすい。削ったものは、しばらく置いて乾燥させる。【写B】
4. ソースを作る。甘鯛は1cm角にカットし、軽く塩をして10分ほど置く。浮いてきた水分を拭き取り、1cm角に切る。
5. 鍋に大さじ1杯のオリーブオイル、にんにくと唐辛子を入れて火にかけ、にんにくが色づいたら、4、チェリートマト、甘鯛のだしを加え、煮立ったらイタリアンパセリを加える。【写C】
6. 3は、塩分濃度2％の湯でボイルする。
7. 6のラサが湯面に浮いてきたら、網ですくって水けをきり、5に加えてからめる。オリーブオイルで仕上げ、器に盛りつける。【写D】

マルタリアーティ 猪のラグー

仁保州博

エミリア＝ロマーニャ地方が有名な、ひし形の不揃いパスタです。本来はタリアテッレやパッパルデッレを作ったときに出る、余りの生地などを利用して作ります。形が不揃いな上に、一度に量も作れるものではありませんでしたから、通常はスープの浮き実として使われています。そうしたマルタリアーティを使って、ここでは一品の料理に仕立てるために、しっかりとした歯ごたえのあるパスタを作り、満足感を出しました。合わせるソースはパスタの存在感とマッチさせるために、猪のラグーにしました。

材料 2人分
マルタリアーティ（下記参照）…100g

猪のラグー（下記参照）…200g

作り方
1. 沸騰した湯で、マルタリアーティをボイルする。
2. 猪のラグーをフライパンに入れて温める。
3. マルタリアーティが茹で上がったら、水けをきって2に加え、ソースと和え、皿に盛る。

※猪のラグー

材料
猪モモ肉とバラ肉…計2kg　玉ねぎ（みじん切り）…800g
人参（みじん切り）…240g　セロリ（みじん切り）…240g　赤ワイン…3ℓ
トマトホール…700g　ローズマリー…5〜6本　オリーブオイル…適量
塩・胡椒…各適量　薄力粉…適量

作り方
1. 猪肉は、赤ワイン適量でひと晩浸けておく。残りの赤ワインは取っておく。
2. 翌日、肉を取り出して水けをきり、塩、胡椒をふって薄力粉をまぶし、オイルを熱したフライパンで表面に焼き色をつける。浸け込んだ赤ワインは取っておく。
3. 1と2で残した赤ワインは、鍋に入れて火にかけ、アルコール分を飛ばす。
4. 鍋にオイルを熱し、玉ねぎ、人参、セロリを入れてソテーし、ソフリットを作る。
5. 4の鍋に、2の肉と4のワインを入れ、トマトホールとローズマリーも加え、アクを取りながらやわらかくなるまで煮込む。

※マルタリアーティ

材料 仕込み量
強力粉…125g
セモリナ粉…125g
卵…118〜120g
オリーブオイル…8g
塩…2g

作り方
1. 材料をすべて合わせてよく練る。
2. ひとまとめにしてラップで包み、1〜2時間寝かせる。
3. 2の生地を取り出し、パスタマシンで2mm厚さにのばす。
4. 打ち粉をし、パイカッターで不揃いのひし形にカットする。

白いんげん豆のスープ マルタリアーティ添え

エミリア=ロマーニャ Emilia-Romagna

渡邊宏也

パルマ周辺やボローニャ辺りでも見られるというマルタリアーティ。薄くのばした生地を不揃いの形にカットしたもので、ピエモンテのストラッキとほぼ同じようなパスタです。豆を煮たスープに入れて食べるのが定番で、茹でたものにソースをかけて食べることもあります。生だと茹でる際にくっついて団子状になってしまうので、カットしたらいったん乾燥させてから使うと、作業しやすくなります。打ち立てにはない、幅広でもぷりっとした食感が楽しめます。

材料 4人分
- マルタリアーティ（下記参照）…120g
- 白いんげん豆…300g
- 玉ねぎ（みじん切り）…半分
- にんにく（みじん切り）…●
- タコ（乱切り）…●　イカ（乱切り）…1杯分
- エビ…4尾　ムール貝…12個
- アサリ…500g　トマトホール…100cc
- 白ワイン…適量　塩・胡椒…各適量

作り方
1. 白いんげん豆は、ひと晩水に浸しておく。
2. 翌日、白いんげん豆はザルにあけて水をきり、鍋に移して水を注いで茹でる。
3. 鍋にオイルと玉ねぎ、にんにくを入れてソテーし、香りが出たら、タコ、イカを加え、白ワインでフランベをして、トマトホールと少量の水を加えて30分ほど煮込む。
4. 2の白いんげん豆は、1/3をミキサーでピュレにし、残りの豆と一緒に3の鍋に加える。
5. ムール貝とアサリは、フライパンで白ワイン蒸しにして、4に加える。エビはオイルでソテーしてから4に加える。少し煮込み、塩と胡椒で味を調える。
6. 沸騰した湯でマルタリアーティをボイルし、茹で上がったら水けをきって5に加える。
7. 器に盛りつける。

※マルタリアーティ

材料 仕込み量
- 00粉…600g　全卵…7個
- 強力粉…400g
- オリーブオイル…30cc
- 水…適量

作り方
1. 材料をすべて合わせてまとめたら、よくこねる。
2. 丸めてラップをし、1時間寝かせる。
3. 2の生地はパスタマシンで2mm厚さにのばす。
4. パイカッターなどで、不揃いな形にカットする。
5. 網にのせ、乾燥させてから使う。

エミリア=
ロマーニャ
Emilia-Romagna

鱈のミルク煮で和えたマルタリアーティ その白子を添えて 白トリュフ風味

渡辺武将

魚介と白トリュフを合わせたパスタを作りたいと思い考案。繊細な白トリュフに合わせるなら、フレッシュの鱈と白子がいいという考えにいたりました。ヒントにしたのは、ヴェネト州を中心に北イタリアで前菜などにされるバッカラ・マンテカート。鱈は切り身のいい部分は別の料理に使いますので、それ以外の余った身を牛乳で煮て作ります。マルタリアーティは、卵をたっぷりのティヤリンの切れ端。つまりパスタも具材も、端身で作る料理というわけです。白トリュフは香りがとても繊細。1種をたくさん使うより、2～3種を削って層にすることで、香りが長持ちします。ここではシナノキの根に生えていた香りが濃厚なトリュフと、ヘーゼルナッツの木のそばで収穫した甘い香りのトリュフを使いました。

材料 1人分
マルタリアーティ…60g

鱈…100g　白子…10g　玉ねぎ（みじん切り）…1/2個
牛乳…100cc　月桂樹…1枚

バター…30g（ソース用20g、白子のソテー用10g）
パセリ…ひとつまみ　黒胡椒…適量
白トリュフ…5～7g

作り方
1. 鱈は塩をして余分な水分を抜いておく。
2. フライパンに、水けを拭いた1、玉ねぎ、牛乳、月桂樹を入れ30分煮込む。
3. マルタリアーティは、沸騰した湯でボイルする。
4. 3が茹で上がったら、水けをきって1に入れ、ソースとからめてバター、パセリを加える。
5. フライパンにバターを入れ、白子を軽くソテーする。
6. 皿に4を盛り、5をのせ、黒胡椒をふり、白トリュフを削りかける。

全粒粉のストロッツァプレティ
夏野菜のソース アンチョビ風味

加藤政行

エミリア＝ロマーニャのパスタで、やや幅広にカットした生地を、手の平でねじって筒状にした形が特徴です。覚えたての頃は巻き方や大きさなど、なかなか上手くできずに、トイレットペーパーでよく練習しました。その甲斐もあり、今では私の得意なパスタの一つになっています。力は入れずに、手の付け根で回すようにし、かっちりと巻かないのがコツ。強く巻いてしまうとトロフィエになってしまいます。ソースとからめたとき、軽くほどける感じに仕上げます。生地は、現地では卵と粉を使っていました。ただし、卵を使うと硬くなるので、日本では調整が必要です。ミートソースやトマトソースと合わせるのが基本のようですが、今回は夏野菜を使い、アンチョビの塩けで味のバランスを取って、野菜たっぷりの一品に仕上げました。

材料 2人分

ストロッツァプレティ（下記参照）…160g

甘長唐辛子（スライス）…適量
トウモロコシ（焼いて芯から粒を外したもの）…適量
パプリカ（ロースト）…適量
紅しぐれ大根（グリル）…適量
みょうが（グリル）…適量

にんにく（スライス）…1/4片分
アンチョビ（フィレ）…1片
ケッパー…10粒　唐辛子…少々
E.X.V. オリーブオイル…適量　塩・胡椒…各適量

アンティーブ…適量　ルッコラ…適量
セルフィーユ…適量

作り方

1. オリーブオイルとにんにくをフライパンに入れて火にかけ、香りを出す。
2. 1に甘長唐辛子を入れてソテーする。
3. アンチョビ、ケッパーを入れ、軽くソテーしたら、残りの野菜類を適宜カットして加え、合わせる。
4. 水100ccくらい（分量外）を加えて軽く沸騰させたら、塩で味を調える。
5. 湯で、ストロッツァプレティをボイルする。
6. パスタが茹で上がったら湯きりし、4のフライパンに加え、ソースとからめる。
7. オリーブオイル、胡椒を加えて合わせ、器に盛りつける。アンディーブ、ルコラを添え、セルフィーユを飾る。

※ストロッツァプレティ

材料 2人分
全粒粉…70g
00粉…40g
塩…適量
水…50～55cc
E.X.V. オリーブオイル…適量

作り方
1. 全ての材料を合わせて練り、まとめてラップに包み、一晩休ませる。
2. 取り出した生地は、パスタマシンで薄くのばし、2cm幅にカットする。【写a】
3. 両手で挟み、ねじり切る。【写b、c】

トルテッリ スッラストラ

北村征博

珍しい焼きラビオリです。料理名は、「トルテッリ」は詰め物のこと、「ラストラ」は板のことで鉄板で焼いた、といった意味です。鉄板に代えて、陶板を熱して焼くこともあります。透き通るほど薄くのばした生地に詰め物を細長く絞り、細長い形に包んで、油をしかないテフロンパンで焼きます。詰め物は、マッシュポテトに、ラルド、卵、チーズなど。ソーセージとフダンソウを入れたり、生ハムとフレッシュチーズを入れたりもします。エミリア=ロマーニャ地方の南西部のお祭りの時に食べる料理としても知られていて、チェゼーナからトスカーナ地方にかけての地域でも見られるようです。焼くときに油を使わないので、具にラルドのような脂とにんにくを入れて、香り豊かな一品にするのがポイント。山羊のリコッタをつけて食べることで、まろやかになります。

材料　約15人分
トルテッリ（下記参照）…30個

山羊のフレッシュチーズ…150g
ナツメグ…適量
セルフィーユ…適量

作り方
1. トルテッリは、油をしかないテフロンパンで素焼きする。
2. 皿に盛りつけ、山羊のフレッシュチーズをクネル型にして添え、ナツメグをふる。セルフィーユを飾る。

※トルテッリ

材料　約15人分
＜パスタ生地＞
　強力粉…250g　水…125g
　塩…5g
＜詰め物＞
　じゃが芋…500g
　ラルド（みじん切り）…50g
　にんにく（みじん切り）…1片分
　パルミジャーノ（すりおろし）…30g
　ナツメグ…適量　塩…適量

作り方
1. パスタ生地を作る。材料を混ぜ合わせて練り、1日休ませる。
2. 詰め物を作る。じゃが芋は塩茹でにし、マッシャーでつぶす。
3. ラルドとにんにくをフライパンに入れて火にかけ、にんにくが色づいたら1を加えて混ぜる。
4. パルミジャーノを加えて混ぜ、塩とナツメグで味を調える。しっかり目の味つけにする。
5. 1の生地を取り出し、極薄にのばす。
6. 3を絞り袋に入れ、5の生地に細長く絞る。二つ折りして生地をしっかりと留め、長方形にカットする。

ホロホロ鳥のファゴッティーニ 燻製リコッタチーズのソース

エミリア＝ロマーニャ Emilia-Romagna

飯出晃一

「大きな包み」を意味するファゴットに由来する料理名の、エミリア＝ロマーニャ州はエミリア地方の詰め物パスタです。元々が大きな包みであるため、生地にはたっぷりの詰め物をのせ、包み方も四隅から風呂敷包みにするのがこのパスタです。詰め物は、野菜とリコッタを合わせたものが一般的です。ここではホロホロ鳥のラグーを詰め物とし、リコッタは燻製したものをソースの材料に使いました。ホロホロ鳥はモモ肉の骨つきを用い、ポルト酒の甘みをきかせて煮た後、ほぐします。こうすることで、骨からのだしも入った、うま味の強いラグーにできます。

材料 4人分

ファゴッティーニ（下記参照）…20個

燻製リコッタ…50g　バター…40g　生クリーム…100g

胡椒…適量

作り方
1. ソースを作る。鍋にバターと生クリームを入れて火にかける。
2. 半量になるまで煮詰めたら、燻製リコッタを加えて軽く溶かす。
3. ファゴッティーニは、沸騰した湯でボイルする。
4. 3が茹で上がったら器に盛り、2のソースをかけ、胡椒をふる。

※ファゴッティーニ

材料

＜パスタ生地＞
　薄力粉…250g　卵黄…4個　卵…1個

＜ホロホロ鳥の詰め物＞
　ホロホロ鳥モモ肉（骨つき）…1本
　玉ねぎ（みじん切り）…100g　人参（みじん切り）…50g
　セロリ（みじん切り）…25g
　乾燥ポルチーニ（水で戻したもの）…25g　ポルト酒…30g
　パルミジャーノ（すりおろし）…30g　塩…適量

作り方
1. パスタの材料をすべて合わせてよく練り、冷蔵庫で1時間ほど寝かせてから、1mm厚さにのばし、4cmの正方形にカットする。
2. 詰め物を作る。ホロホロ鳥は塩、胡椒をし、オイルを熱したフライパンで焼き色をつける。
3. 鍋にオリーブオイルを熱し、玉ねぎ、人参、セロリを入れてソフリットを作る。
4. 3に2の肉を入れ、ポルト酒を注いでやわらかくなるまで煮込む。
5. 鍋からホロホロ鳥を取り出し、肉を手でほぐす。
6. 5の鍋の残りと、5のほぐした肉はボールに入れ、パルミジャーノを加えてよく混ぜ合わせ、塩で味を調える。
7. 1の生地の中央に6をのせ、四隅から生地を寄せて包み、ファゴッティーニとする。【写a、b】

エミリア＝
ロマーニャ
Emilia-Romagna

仔牛を詰めたトルテローネ
ゴルゴンゾーラソース

加藤政行

生地で包んで丸く成形するパスタは、多くはエミリア＝ロマーニャが発祥で、少し形が違うだけでも名前が変わります。丸型で抜いた生地に詰め物をのせ、半分にたたんで中の空気を抜いたものがアニョロッティ。その生地の両端をそのまま重ね合わせると、カペレッティやトルテリーニ。そしてトルテローネと呼ばれるこのパスタは、両端の生地をひねってから合わせるのが特徴です。このパスタは、詰め物は基本的に仔牛肉を使います。また内臓系素材を使うことも多く、牛タンや脳みそを使うこともあります。実はこのパスタ、私のパスタ・フレスカづくりの原点となった最初の修業先「代官山アントニオ」の今は亡きオーナーシェフ、カンチェミ・アントニオ氏から受け継いだ、思い出深い一品です。

材料 1人分
トルテローネ（下記参照）…8個

ゴルゴンゾーラソース
　ゴルゴンゾーラ…20g
　玉ねぎ（スライス）…30g
　生姜（スライス）…10g
　バター…小さじ1　白ワイン…100cc
　ブロード・ディ・ポッロ…大さじ1
　生クリーム（脂肪分30％）…150cc
　パルミジャーノ（すりおろし）…適量

アスパラソバージュ 5本
パルミジャーノ（すりおろし）…小さじ1
ヘーゼルナッツ…適量　胡椒…適量

作り方
1. ソースを作る。鍋にバターを溶かし、玉ねぎと生姜を入れてソテーする。
2. しんなりしたら白ワインを注ぎ、1/3量まで煮詰めたら、ブロードを足す。
3. さらに1/3量に煮詰めたら、ストレーナーで漉す。
4. 漉したものは鍋に戻し、生クリームを加えて煮詰めたら、火からおろし、ゴルゴンゾーラを加えて余熱で溶かし、ソースとする。
5. 沸騰した湯でトルテローネをボイルする。
6. アスパラソバージュも湯に入れ、火が入ったら取り出しカットする。
7. トルテローネが湯面に浮き上がったら、取り出して湯きりし、4のソースに入れて弱火にかけ、混ぜ合わせたら、火を止めてパルミジャーノをふり、さらに混ぜ合わせる。
8. 7を皿に盛りつけ、6をのせる。砕いたヘーゼルナッツをちらす。

※トルテローネ

材料 40個分
＜生地＞
00粉…110g
塩…一つまみ
卵…1個
E.X.V. オリーブオイル…適量

＜仔牛の詰め物＞
仔牛バラ肉…50g
仔牛レバー…50g
モルタデッラ…30g
卵黄…1個分
パルミジャーノ（すりおろし）…大さじ1
ナツメグ…少々
塩・胡椒…各適量
白ワイン…大さじ1
E.X.V. オリーブオイル…適量

作り方
1. 生地の材料をすべて練り合わせ、まとまったらラップで包み、冷蔵庫でひと晩休ませる。
2. 詰め物を作る。仔牛バラ肉、仔牛レバー、モルタデッラは、適当な大きさにカットする。
3. 2のバラ肉とレバーには塩・胡椒をして、オリーブオイルを熱したフライパンでソテーする。
4. 八割ほど火が入ったら、2のモルタデッラを加えてソテーし、白ワインをふる。
5. フードカッターに入れて回し、卵黄、パルミジャーノ、ナツメグを加えて味を調え、保存しておく。
6. トルテローネを作る。生地は、麺棒である程度の薄さにのばし、パスタマシン使って薄くのばし、丸型で抜く。【写a】
7. 6の生地は、中央に5の詰め物を丸めてのせ、生地の縁の手前半分に水をぬる。【写b】
8. 手前から半分にたたみ、空気を抜くようにしっかり閉じたら、両端を持ち、ねじるようにして合わせ、トルテローネの形にする。【写c】

エミリア=ロマーニャ
Emilia-Romagna

猪のトルテッリーニ ごぼうのスープ

杉岡憲敏

エミリア=ロマーニャの州都・ボローニャの料理が有名なパスタ・トルテッリーニ。ソースで食べるのではなく、スープの浮き身として使うところが多いのが、このパスタの特徴です。通常、詰め物には豚肉や生ハム、パルミジャーノを使うことが多いところを、ここでは冬の一品として猪を使いました。猪肉はスパイスをきかせてマリネし、赤ワイン煮にしたものです。山の物には山の物を合わせたいと思い、しっかりとした肉の味わいに負けないよう、ソースにはごぼうを使いました。ごぼうの土の風味が、野趣あふれる猪肉に良く合います。個性の強いもの同士なので、食べた時にまろやかさを感じさせるよう、牛乳の泡も添えました。

材料
トルテッリーニ（下記参照）…4個

じゃが芋のピューレ（下記参照）…40g
ごぼうピューレ（下記参照）…35g　泡用の牛乳…適量

アランサス、ナスタチューム…各適量

作り方
1. 沸騰した湯で、トルテッリーニを5分〜6分茹でる。
2. じゃが芋のピューレを皿に流し、を皿に流し、茹で上がった1を水けをきって盛りつけ、ごぼうのピューレを添える。牛乳を泡立てた泡をのせ、アランサス、ナスタチュームを飾りつける。

※じゃが芋のピューレ

材料　仕込み量
メークイン…200g　長ねぎ（スライス）…150g
ベーコン（短冊切り）…30g　生クリーム…1/2カップ
牛乳…1/2カップ　白ワイン…少々
E.X.V. オリーブオイル…適量　野菜のブロード…適量　塩…少々

作り方
1. 鍋にオイルを熱し、長ねぎとベーコンを入れて軽く炒めたら、白ワインを入れてアルコール分を飛ばす。
2. 圧力鍋に移し替え、牛乳を入れて蓋をし、蒸気が上がってから10分間煮る。
3. 2はミキサーに入れ、生クリームを加えて回し、ペースト状にする。塩とブロードで味と濃度を調える。

※ごぼうのピューレ

材料　仕込み量
ごぼう…300g　玉ねぎ（1cm角切り）…1個
ローリエ…1枚　オリーブオイル…少々
塩…適量　野菜のブロード…適量

作り方
1. ごぼうは泥を洗い、1cm長さに切る。
2. フライパンにオイルを熱し、玉ねぎを入れ、透き通るまで炒めたら、1を加え、香りが出るまで炒める。
3. 2を鍋に移し、ブロードをひたひたに入れ、ローリエを加え、塩をして30分ほど煮る。
4. ローリエを取り出してミキサーに移し、ピューレ状にする。

※トルテッリーニ

材料　仕込み量
＜パスタ生地＞
強力粉…550g　薄力粉…120g
卵…400g　塩…2g
オリーブオイル…20g
サフラン…2g
＜詰め物＞
猪肉…1kg
赤ワイン…500cc
ネズの実…10粒　黒胡椒…10粒
ローリエ…2枚　塩…適量
水…500cc

作り方
1. パスタ生地を作る。材料をすべてボールで混ぜ合わせ、ラップに包んでひと晩寝かせる。
2. 翌日、取り出して軽く練り、パスタマシンでのばす。生地を同じ方向にパスタマシンに入れ、目盛を見ながら数回のばして、1mmにする。
3. 詰め物を作る。水以外の材料を袋に入れて真空機にかけ、ひと晩マリネする。
4. 翌日、ザルにあけて肉とワインに分ける。残りのスパイス・ハーブは捨てる。
5. 肉とワインを圧力釜に入れ、水を足して、弱火で1時間煮込んで冷ます。
6. 冷めたら肉を取り出し、ソースは鍋に移して煮詰める。
7. 肉と煮詰めたソースをフードプロセッサーに入れ、ピューレ状にしたら、塩で味を調える。
8. 生地を50mmのセルクルでぬき、中央に7を絞り、半分に折りたたんで接着し、端と端を持ち、くるっと丸めて生地を重ね、接着させる。

エミリアー
ロマーニャ
Emilia-Romagna

玉ねぎのスープに浮かべた
生ハムとマスカルポーネのラビオローネ

渡邊宏也

エミリア＝ロマーニャの最高級生ハム・クラテッロ。その産地として、特に有名なのがジベッロ村。この料理は、そのジベッロ村で食べたパスタです。ラビオリより大き目のラビオローネといい、薄くのばした生地でマスカルポーネとカットしたままのクラテッロを挟んでいます。詰め物にする場合、生ハムなどはピューレ状にすることが多いところを、食べるとカットしたままだったので、驚いたことを憶えています。クラテッロはリストランテ以外ではなかなか使いこなせない高級素材ですので、ここではパルマ産プロシュットで作りました。このパスタでは生ハムでもお客様に出せない小さな部位を使いますから、プロシュットのロス活用にもなります。写真の玉ねぎのスープ以外では、チーズのソースをからめたり、野菜のピューレを上にのせたりもします。

材料 10人分
ラビオローネ（下記参照）…20個

玉ねぎ（スライス）…600g
ブロード・ディ・ポッロ…500cc
牛乳…500cc　生クリーム…少量
E.X.V. オリーブオイル…適量

塩・黒胡椒…各適量
黒トリュフ…適量

作り方
1. スープを作る。玉ねぎを蓋つきのバットに入れ、軽く塩、E.X.V. オリーブオイルをかけ、蓋をして、78℃のコンベクションオーブンに45分入れ、ローストする。（玉ねぎの香りを強く出さないために、弱めのオーブンでローストする）
2. 1を鍋に移し、牛乳、ブロードを加えて火にかける。沸騰したらミキサーで回し、裏漉ししてスープとする。
5. ラビオローネは、沸騰した湯でボイルする。
6. 2を器に入れ、5が茹で上がったら水けをきって盛りつける。粗く削った黒胡椒をふり、黒トリュフを削りかける。

※ラビオローネ

材料 仕込み量
＜パスタ生地＞
00粉…600g
強力粉…400g
E.X.V. オリーブオイル…20cc
水…少々
塩…10g

＜詰め物＞
プロシュット（スライス）…20枚
マスカルポーネ…200g

作り方
1. ボールにパスタ生地の材料をすべて入れ、よく混ぜ合わせる。
2. まとまったらひとかたまりにし、丸めてラップをかけ、常温で30分置く。
3. 取り出して適量をカットして麺棒で平たくしたら、パスタマシンで0.6〜0.8mm厚さにする。
4. プロシュットにマスカルポーネをはさむ。この時、プロシュットが何重にも重ならないようにする。
5. 4を3の生地で挟み、セルクルでぬいたら、詰め物の周囲を押さえてなかの空気を抜き、周りの生地を押さえてラビオローネにする。

チーズ詰めポレンタ生地のラビオリ トウモロコシバターソース

浅井 努

エミリア＝ロマーニャ州名産のパルミジャーノ・レッジャーノ。このチーズを活かしたパスタとして、糖度の高いとうもろこしを組み合わせたラビオリを考案しました。夏場、とうもろこしが美味しい時期に出したい一品です。とうもろこしは圧力鍋で蒸したあとに冷やすとキュッと締まり、粒同士がまとまった状態でカットできます。合わせるパスタは、とうもろこしの粉のポレンタで作ります。生地のもっちり感を味わってもらいたいので、少し厚めにしています。中に入れたのは、ゴルゴンゾーラ、タレッジョ、パルミジャーノのチーズ3種。タイプの違うチーズを使うことで、味に奥行きがでます。具材がシンプルな分、最初に香りづけで入れたセージの爽やかな香りも引き立ちます。

材料 1人分
チーズ詰めポレンタ生地のラビオリ（下記参照）…12個

とうもろこし（圧力鍋で5分蒸して、冷ましたもの）…1/3個
塩…適量

E.X.V. オリーブオイル…10cc（ソース用、トッピング用各5cc）
セージ…1枝
バター…20g
水…少量

パルミジャーノ…適量

作り方
1. フライパンにオリーブオイルとセージを入れて火にかけ、香りを出す。
2. とうもろこしと塩を加えて軽く炒める。
3. 沸騰した湯でラビオリをボイルする。
4. 2にバターと水を加えて温め、3が茹で上がったら湯きりして加え、ソースをからめる。
5. 皿に盛りつけ、オリーブオイルをかけてパルミジャーノを削りかける。

※チーズ詰めポレンタ生地のラビオリ

材料 仕込み量
ポレンタ粉…100g
湯…500g
デュラムセモリナ粉…100g
強力粉…400g
全卵…2個
詰め物（マッシュポテト100g、ゴルゴンゾーラ40g、タレッジョ40g、パルミジャーノ レッジャーノ20gを混ぜ合わせたもの）…適量

作り方
1. 鍋に湯を沸かし、火にかけたままポレンタ粉を少量ずつ加えながら混ぜていき、全量が入ったら、約30分かけてしっかりと練る。焦げないように練りながら水分を飛ばす。
2. 粗熱が取れたらデュラムセモリナ粉、強力粉、全卵を加えてこねる
3. ローラーで厚さ1.8mm厚さにのばしてカットし、詰め物を入れて包み、四角くカットする。

ピエモンテ
Piemonte

肉を詰めたトルテローニ サルビアバター

渡邊宏也

初めて現地で食べた時は、中華の小籠包のような形が面白く、印象に残っています。ピエモンテでも、肉やチーズを詰め物にしたパスタです。通常は、肉料理の残りを使うことが多いようですが、ここでは贅沢に、仔牛肉、牛肉、豚肉、鶏肉に、生ハムの赤身部分を挽いて合わせたものを詰め物にしています。詰め物が贅沢で味わい深いので、それを活かすために、ソースはシンプルにサルビアバターで味わいます。さらにシンプルに、オリーブオイルをかけただけでもいいでしょう。

材料 10人分
パスタ生地（209ページ参照）…700〜800g

豚モモ肉…200g　生ハム…200g　鶏ムネ肉…200g
にんにく（みじん切り）…10g
パルミジャーノ（すりおろし）…100g　卵…1個
ナツメグ…少々　シナモン…少々

ブロード・ディ・ポッロ…600cc　バター…250g
セージ（みじん切り）…20枚分

トマトソース…適量　セージ（仕上げ用）…適量
パルミジャーノ（すりおろし。仕上げ用）…適量

作り方
1. 豚モモ肉・生ハム・鶏ムネ肉はそれぞれ1cm角に切り、にんにく10gとパルミジャーノ、卵、ナツメグ、シナモン、塩、胡椒をフードプロセッサーにかける。
2. パスタ生地をのばし、1を詰め、トルテローニ型にする。
3. 2は塩分濃度1%の湯でボイルする。
4. フライパンにバターとサルビアを熱し、香りが出たらブロードを注ぐ。
5. 3が茹で上がったら水けをきり、4に入れてソースをからめる。
6. トマトソースを皿にしき、5を盛り、セージを油で揚げたものを飾り、パルミジャーノをふる。

リグーリア
Liguria

ブロッコリーと釜揚げシラスのジリ カラスミがけ

直井一寛

イタリア語で「百合」と名つけられた、リグーリアのパスタです。百合に似た形の複雑さに加え、スジやひだが多いので、ソースがよく馴染みます。具にも、リグーリアが栽培地として知られるブロッコリーや、特産のシラスを使いました。ポイントは、パスタの茹で上がり5分前になったところで、ブロッコリーも入れて茹でること。一緒に茹でることで、余分な鍋を使わなくて済み、ブロッコリーのやさしいうま味がパスタにも移り、より美味しくなります。フライパンに入れたら、フォークでブロッコリーを形がなくなるまでつぶしながら、パスタにからめます。こうした野菜が具のパスタでは、塩けとしてアンチョビがよく使われるところを、ここではシラスで代用しました。ジリはしっかりしたソースが合うので、さらにボッタルガをすりおろしてふりかけ、塩けと香りを補いました。

材料 2人分

ジリ…120g

ブロッコリー…80g
シラス…30g
にんにく（みじん切り）…6g
唐辛子…1本
リグーリア産 E.X.V. オリーブオイル…適量

ボッタルガ…適量

作り方

1. ジリは沸騰した湯でボイルする。
2. 茹で上がり時間の5〜6分前になったら、ブロッコリーを入れ、そのまま最後までジリと一緒にボイルする。
3. フライパンに、にんにく、唐辛子、E.X.V. オリーブオイルを入れて火にかける。
4. 香りが出たら、2の茹で汁適量を注いで止めておく。
5. ジリとブロッコリーが茹で上がったら、湯きりして4に入れ、フォークでブロッコリーをつぶしながらパスタと和えていく。
6. ブロッコリーがつぶれたら、シラスを入れて状態・味を調える。
7. 火を消し、リグーリア産 E.X.V. オリーブオイルをふり入れてからめる。
8. 器に盛りつけ、ボッタルガをおろしかける。

リグーリア
Liguria

焼きなすとプロボローネのラビオリ
フレッシュトマトのアーリオオーリオソース

浅井 努

港湾都市ジェノヴァの船乗りたちが、航海中に肉や野菜の切れ端を細かく刻んでパスタで包んで食べていたのが、ラビオリの由来といわれています。ここでは夏のメニューとして、なすとトマトでラビオリを作りました。なすは濃い味を抽出するため、皮をむいてアク抜きした後、オリーブオイルでじっくり時間をかけて炒め水分を抜きます。なすには、相性の良いチーズを合わせました。チーズはほんのり燻香を出したかったので、スモークしたプロボローネと、万能に使えるパルミジャーノをチョイス。ラビオリは、野菜にしろ肉にしろチーズと組み合わせて味のバランスをみるようにしています。ラビオリは生地を食べて欲しい場合と、中の詰め物を食べて欲しい場合とで形状を変えていて。ここでは生地のモチモチ感を伝えたかったので、生地の割合を多めにしています。

材料 1人分
焼きなすのペーストを詰めたラビオリ（下記参照）…4個

フルーツトマト（湯むきして角切り）…1個分　バジル…少々

E.X.V. オリーブオイル…大さじ2
にんにく…1片　タカノツメ…ひとつまみ
塩…ひとつまみ

作り方
1. フライパンにオリーブオイル、つぶしたにんにく、タカノツメを入れて火にかける。香りが出たらフルーツトマト、塩を入れ、にんにくは取り出す。
2. 沸騰した湯で、ラビオリをボイルする。
3. 2が茹で上がったら、1に加えてソースをからめ、バジルを加える。
4. 皿に盛りつけ、残りのバジルをのせ、オリーブオイル（分量外）をかける。

※焼きなすのペーストを詰めたラビオリ

材料 仕込み量
<生地>
　強力粉…200g　デュラム粉…50g
　卵黄…75g　卵白…40g
　水…15g
　E.X.V. オリーブオイル…小さじ1　塩…少々

<詰め物>
　なす…中2本
　プロボローネ（スモークしたもの）…30g
　パルミジャーノ（すりおろし）…15g
　卵…10g
　E.X.V. オリーブオイル…20ml
　塩…ひとつまみ

作り方
1. 生地を作る。強力粉とデュラム粉は、合わせて混ぜておく。
2. 1とそれ以外の材料を合わせてこね、真空にかけて冷蔵庫で1日寝かせる。
3. 翌日、取り出してパスタマシンで1mm弱の厚さにのばす。
4. 詰め物を作る。なすは皮をむいて1cm角にカットし、水でアク抜きしたら、水けを絞り、オイルを熱したフライパンで水分が抜けるまで炒める。
5. 取り出して油分を拭き取り、庖丁で叩いたら、プロボローネ、パルミジャーノ、卵、塩を加えて混ぜ合わせ、詰め物とする。
6. ごく少量の打ち粉の上に3の生地を置き、溶き卵をぬる。【写a】
7. 5は絞り袋に入れ、6の上に大さじ1ずつ絞る。【写b】
8. 生地を折り返し、1つずつ中の空気を押し出す。【写c】
9. 直径5cmの丸型で抜き、指で生地を押さえてくっつける。【写d】

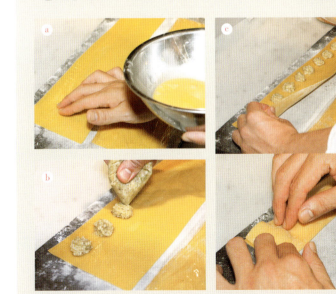

リグーリア
Liguria

コルツェティ
魚介類とカルチョーフィのフリット添え

新妻直也

円盤状の薄い生地に、模様が入ったパスタ・コルツェッティ。基本的には貴族の家紋や草花をイメージしたものが多く、元々は十字の形でそれが家紋の形になっていったそうです。語源は十字架のcroceから来ているといわれています。今回のコルツェッティは、発祥の地リグーリア州の数少ないコルツェッティ彫り職人にオリジナルで作っていただいたものです。生地は模様が残るようになるべく硬めに仕上げたいのですが、食感が悪くならないように、形も残しつつ、食べやすい硬さに仕上げていくのがポイントです。リグーリア州らしく、魚介を使ったソースに仕上げました。オリーブオイルの一大産地でもありますので、タジャスカ種のオリーブオイルと合わせるようにします。

材料 2人分
コルツェッティ（下記参照）…16枚

車エビ…4本　アサリ…12粒
ムール貝…6個　黒オリーブ…8粒
セミドライトマト…12粒
にんにく（みじん切り）…1片分
アンチョビ…1枚　赤唐辛子…1/2本
白ワイン…適量
E.X.V. オリーブオイル…適量　塩…適量

イタリアンパセリ（みじん切り）…適量

作り方
1. ソースを作る。フライパンににんにくと赤唐辛子、オリーブオイルを入れて弱火にかける。
2. 良い香りが出て、にんにくがキツネ色になったら、アサリ、ムール貝、車エビを入れて、軽く炒め、白ワインをふり、アルコール分を飛ばす。
3. 貝が開いたら、いったん取り出す。車エビはだしが出るように少し煮込んでから取り出す。
4. 3のフライパンにドライトマト、黒オリーブを入れてを煮汁を少し煮詰め、ソースを仕上げる。
5. 沸騰した湯で、コルツェッティをボイルする。
6. 5が茹で上がったら、取り出しておいた魚介類とともに4に加えて全体を馴染ませ、オリーブオイルで仕上げる。
7. 器に盛り、イタリアンパセリをふる。

※コルツェッティ

材料 仕込み量
00粉…300g
セモリナ粉…100g
ぬるま湯…160g
オリーブオイル…5cc
塩…5g

作り方
1. 材料をすべて合わせて生地を練り上げ、丸めてラップをし、半日～1日休ませる。【写a】
2. 1は、パスタマシンで2mm厚さにのばす。【写b】
3. コルツェッティの型で、丸く抜く。【写c】
4. 絵柄の彫られた面に乗せ、もう片方の柄のついた方で挟み、上から強く押しつけ、模様をつける。【写d】

リグーリア
Liguria

コルツェッティの
茸ラグーソースと川俣シャモ

加藤政行

コルツェッティといえば、リグーリアのパスタ。前ページにもあるように、2個のスタンプで挟んでつくる、メダル型のパスタが一般に伝わっています。ところがこれは、似ても似つかぬ形。リグーリアでも、山の方の家庭風コルツェッティです。棒状にのばした生地を短くカットして、両手の指でつまんでひねって作ります。横から見たら、十字架のようになっているのが特徴です。ソースも、スタンプ型がジェノヴェーゼを合わせることが多いのに対して、こちらは茸と肉のソースを合わせるのが一般的。ここでは5〜6種類の茸に、香ばしくグリルしたシャモ肉を加えました。茸とシャモのうま味がよくマッチし、もちもちのパスタによく合います。

材料 4人分
コルツェッティ（下記参照）…360g

川俣シャモ…300g
茸類（アワビ茸、白舞茸、平茸、ポルチーニ茸、柳松茸）…計200g
茸のラグー（右記参照）…大さじ4
水…100cc
塩・胡椒…各適量
E.X.V. オリーブオイル…適量
万能ねぎ（小口切り）…適量

作り方
1. 川俣シャモは、両面に塩、胡椒をして表面をグリルし、1cm角にカットしておく。
2. 茸類は、適宜カットしておく。
3. フライパンにオリーブオイルを熱し、2と1をソテーする。水、茸のラグーを加えたら、塩、胡椒で味を調える。
4. 沸騰した湯でコルツェッティをボイルする。
5. 4が茹で上がったら、水けをきって3に加え、ソースをからめ、胡椒をする。
6. 皿に盛りつけ、万能ねぎをちらす。

※茸のラグー

材料 10人分
マッシュルーム…3パック
E.X.V. オリーブオイル…100〜150cc
塩…適量

作り方
1. マッシュルームは、土を落として石づきを切り取り、細かく刻む。
2. 鍋にオリーブオイル、1、塩を入れ、中火で沸騰させてから極弱火で煮詰める。水分が無くなったら、塩で味を調える。

※コルツェッティ

材料
00粉…300g
水…150〜155cc
塩…適量
E.X.V. オリーブオイル…適量

作り方
1. すべての材料を合わせて練り込み、ラップで包んでひと晩休ませる。
2. 1は直径1cmほどの棒状にし、2cm長さにカットする。
3. 生地の片端を右手の親指と人差し指でつまみ、もう片端を右手と90度の角度で左手でつまんで、成形する。

パンソッティ

リグーリア Liguria

町田武十

パンソッティはリグーリア州の郷土料理で、「お腹の出た、ふっくらとした」という意のイタリア語「パンチュート」が語源といわれています。その名のとおり、5cm四方の生パスタに具材を詰め、三角形に折りたたむことで、中央がふっくらとした仕上がりになります。パンソッティの大きな特徴は、詰め物になる具材にあります。季節の野草とチーズを合わせ、野草の香り、苦みとチーズのうま味、コクを融合させます。現地では、ハーブのボリジなどを使いますが、今回は蕪や大根の葉で代用し、香りと苦みを表現しました。春には菜の花を使うのもお勧めです。北イタリアでは、くるみや松の実などナッツ類を料理に使うことが多く、パンソッティにはくるみのソースを合わせることが一般的です。

材料 1人分
パンソッティ（下記参照）…9個

くるみソース（下記参照）…大さじ3
バター（無塩）…大さじ1
パルミジャーノ（すりおろし）…適量

くるみ（飾り用。ローストして砕いたもの）…適量

作り方
1. パンソッティは、沸騰した湯でボイルする。
2. フライパンにくるみソース、バターを入れて火にかける。1が茹で上がったら、水けをきって加え、和える。
3. 2にパスタの茹で汁を少々加えて味を調え、パルミジャーノをふる。
4. 皿に盛り、くるみをちらす。

※くるみソース

材料 仕込み量
くるみ…60g
パン（白い部分）…20g
牛乳…適量
オリーブオイル…100g
にんにく（みじん切り）…少々

作り方
1. くるみは軽く茹でて皮をむき、細かく砕く。
2. パンは牛乳に浸してふやかしたあと、手で軽く絞って汁けをきる。
3. ミキサーに1、2とオリーブオイル、にんにくを入れて撹拌し、ソースにする。

※パンソッティ

材料 仕込み量
<パンソッティ生地>
　00粉…200g　白ワイン…20ml
　溶かしバター（無塩）…12g
　卵…1個　パルミジャーノ…25g
<詰め物>
　蕪の葉・大根の葉…合わせて50g
　リコッタ…100g
　パルミジャーノ（すりおろし）…25g
　卵…1個　にんにく（みじん切り）…少々
　塩・胡椒…各適量

作り方
1. 生地を作る。ボールに材料すべてを入れて混ぜ、ひと固まりにする。
2. ラップで包み、常温で約3時間寝かせる。途中、1時間おきにこねる。
3. パスタマシンで0.8mm厚にのばし、5cm四方にカットする。
4. 詰め物を作る。蕪の葉と大根の葉は、茹でて水けをきり、みじん切りにする。
5. ボールに4とリコッタ、パルミジャーノ、ラのうとにんにくを入れて混ぜ、塩、胡椒で味を調える。【写a】
6. 3の生地を広げて、中央に5をのせる。三角形になるよう折りたたみ、指で押して端を留める。【写b】

リグーリア
Liguria

トロフィエ ペスト・ジェヴェベーゼ

新妻直也

リグリア海に面したリグーリア州。そのジェノヴァ県の町・ソーリで生まれたのがトロフィエです。小さくカットした生地を、小指の外側で押しつぶすようにしてねじり出すことで、トロフィーのような形にします。リグーリアのパスタですので、やはり同地を代表するペスト・ジェノヴェーゼと合わせることが多いもの。ここではDOPのジェノベーゼ・リチェッタを、モルタイオ（大理石製の白）を使って伝統的な手法で作ってみました。モルタイオによって温度が変わりづらい上、若いバジリコなので変色が少なく、やさしい味わいになります。そこで、フライパン中で火が入らないように仕上げました。合わせる素材は、いんげんとじゃが芋という定番。それにイカのうま味も加えて、食感的にも食べ飽きないようにしました。

材料 2人分
トロフィエ（下記参照）…120g

じゃが芋…60g
ドジョウいんげん…40g
ヤリイカ…小1杯
ペスト・ジェノベーゼ（下記参照）…大さじ2
バター…10g
ブロード・ディ・ポッロ…適量
松の実…20粒
パルミジャーノ（すりおろし）…10g
塩…適量

作り方
1. じゃが芋は皮をむき、いちょう切りにして塩茹でにする。
2. ドジョウいんげんは、塩茹でにして、斜めに切る。
3. ヤリイカは、掃除して食べやすい大きさに切る。
4. フライパンに1、2、3とブロードを入れて火にかける。バター、松の実を加え、全体を馴染ませる。
5. トロフィエは沸騰した湯でボイルする。
6. 5が茹で上がったら、水けをきって4のフライパンに加え、一体感が出るように軽く煮込む。
7. ちょうど良い水分量になったら、ペスト・ジェノベヴェーゼを加えてよく混ぜ合わせる。
8. 皿に盛り、パルミジャーノをふりかける。

※トロフィエ生地

材料 仕込み量
強力粉…300g
ぬるま湯…140g
塩…3g
オリーブオイル…10g

作り方
1. 材料をすべて合わせて練る。あまり練り過ぎないようにする。グルテンが出すぎると生地自体がかたく締まってしまうので、ぬるま湯で素早く粉と水分を合わせて行くイメージで行う。
2. ボールに材料をすべて入れて素早く混ぜ合わせる。ある程度まとまったら、ラップをし、冷蔵庫で休ませる。30分位したら、取り出し、もう一度、全体を練りあげる。
3. ラップをし、冷蔵庫で1時間ほど休ませる。
4. 生地を直径1cmほどの棒状にのばしたら、2cm長さの棒状に切り分け、手の小指側で手前に押しつぶすようにして、ねじり出す。

※ペスト・ジェノベヴェーゼ

材料
バジリコ…100g（若い苗15cmくらいのもの）
にんにく…1/2片
松の実…15g
ペコリーノ・サルド…15g
パルミジャーノ…80g
E.X.V. オリーブオイル…80cc
粗塩…適量

作り方
1. モルタイオににんにく、松の実を入れて、よく押しつぶしながら細かくなるようにすり潰していく。【写a】
2. バジリコの根から上の部分を切り入れ、塩を加えさらにすり潰していく。若い芽を使うので、葉も茎も簡単にすりつぶせる。【写b】
3. ペコリーノとパルミジャーノを加え、さらに混ぜていき、最後にオリーブオイルを加え、混ぜる。【写c】

冷製トマトのカペッリーニ

番外編 JAPAN

浅井　努

日本で生まれた、冷製トマトのカペッリーニ。トマトの美味しさを最大限活かしたいと思い、このレシピを考えました。まずトマトにバジルの香りを移して少しだけ塩味をきかせたソースを作ります。それをペーパードリップで漉して透明の液体にし、エスプーマとグラニテに用います。パスタとグラニテの間にエスプーマを入れることで、全体のからみがよくなります。プチトマトも湯むきしてオリーブオイルと塩で下味をつけ、パスタやトッピングと馴染みやすい食感にしました。トッピングは、バジルの仲間である穂じそです。見た目にも美しく、香りもバジルと好相性です。パスタの具材にトマトを使うという感覚ではなく、トマトを食べるためのパスタ。主役はトマトなので、糖度が高く美味しいトマトとプチトマトが手に入ったときにのみ作っている料理で、トマトはシンディースウィート、ミニトマトは火蜜がお気に入りです。

材料 1人分
カペッリーニ…25g

フルーツトマト…1個　プチトマト…5個
トマトのエスプーマ（下記参照）…10g
トマトのグラニテ（下記参照）…10g

E.X.V. オリーブオイル…30cc（フルーツトマト用10cc、プチトマト用10cc、トッピング用10cc）
にんにく（すりおろし）…少量　塩…適量　穂じそ…適量

作り方
1. フルーツトマトは湯むきしてからつぶし、オリーブオイル、塩、にんにくを加えてソースを作る。氷水にあてて冷やす。
2. プチトマトは、湯むきして塩とオリーブオイルで下味をつける。
3. 沸騰した湯でカペッリーニをボイルし、茹で上がったらザルにあげてしっかり水けをきる。キッチンペーパーで残った水分を拭き取る。
4. 3のカペッリーニは1のソースに加え、冷やしながらからめる。
5. 器に盛り、2のプチトマト、トマトのエスプーマ、トマトのグラニテをのせ、穂じそをちらし、オリーブオイルをかける。

※トマトのエスプーマ

材料 1人分
トマトソース（右記参照）…適量
板ゼラチン…トマトソースの1.5%

作り方
1. トマトソースに板ゼラチン（水で戻したもの）を加えて溶かし、亜酸化窒素のサイフォンで泡状にする。

※トマトのグラニテ

材料 1人分
トマトソース（右記参照）…適量

作り方
1. トマトソースを凍らせて削る。

※トマトソース

材料 仕込み量／350g
トマト…500g　バジル…ひとつかみ　塩…2.5g

作り方
1. トマトのヘタを取ってミキサーでつぶし、刻んだバジルの葉と塩を加えて火にかけひと煮立ちさせ、ペーパードリップして濾す。

パスタ大全
索引

- パスタの形状別
- パスタの種類別
- 取材店別

索引 ● パスタの形状別

● ロングパスタ

- ネラーノ風ズッキーニのスパゲッティ…012
- シャラテッリ 魚介のソース…016
- シャラッティエッリと鮎のジェノヴァペースト和え…018
- アサリと野辺地蕪のシャラッティエッリ…020
- 手打ちのフジッリ 仔羊とエンドウ豆の煮込み和え 卵とチーズ仕立て…028
- ルチャーナ風タコの煮込みのリングイネ…030
- スパゲットーニ アンチョビとガルムのペペロンチーノ レモン風味…035
- キタッラ アマトリチャーナソース マリーゴールドの香り…038
- トゥロッコリ サルシッチャとチーマディラーパで…046
- ラガーネ…048
- ストロンカトゥーラ……068
- パスタ アラ ノルマ…078
- パスタ アラ シラクサーナ…082
- スパゲティ アラ シラクサーナ イワシ仕立て…084
- 娼婦風ヴェルミチェッリ…092
- パッパルデッレ 鴨のラグー…094
- パッパルデッレ トリッパとひよこ豆のピリ辛トマト和え パッパルデッレの器で…096
- ピチ ソーセージとクルミのソース…098
- そば粉のタリアテッレ ランプレドット和え…102
- スパゲッティ カレッティエッリ…108
- タリアテッレ ボンゴレ アンコーナ風…110
- ブカティーニ アッラ アマトリチャーナ…111
- 仔羊の白ワイン煮込み新生姜風味ソースのトンナレッリ カルチョフィのユダヤ風添え…112
- フェットチーネ 筍のカルボナーラ 木の芽の香り…115
- フェトチーネと鮎のコンフィ ケッカソース…116
- タリオリーニ アッラ チョチャーラ…118
- ミスティカンツァのペーストとピゼリーニのスパゲッティ…124
- ウンブリケッリ…132
- ウンブリチェッリ 黒トリュフがけ…134
- ティヤリン 熊本産無農薬レモンをからめて…136
- ティヤリン ウサギの白ワイン煮込みあえ セロリの香り…138
- タリアテッレ ディ メリガ アル スーゴ ディ ストラフリット…140
- タリアテッレ ミラノ風 黄金のソースで…153
- ビーゴリ うずらとアーティチョークのラグー 黒オリーブ風味…176
- ビゴリ 蝦夷鹿と丹波黒枝豆のバローロワイン煮込みあえ…178
- イカ墨のタリオリーニ 生イカの細切りのせ…180
- パリア エ フィエーノ…186
- モデナ風スパゲッティ…188
- 冷製トマトのカペッリーニ…224

● ショートパスタ

- ナポリ風謝肉祭のラザニア…014
- パッケリ ワタリガニとポルチーニのトマトソース…021
- 潮の香りのパッケリ ジラソーレ風…022
- ワタリガニの煮込みのヴェスヴィオ…024
- プローヴォラチーズ入りじゃが芋とパスタの煮込み…031
- 根魚と甲殻類とミックスパスタのミネストラ…032
- ペンネのラルディアータソース…034
- チカテッリ 魚介のトマトソース…036
- タリアッチ 野菜とサフランのラグー…040
- タッコレ ウサギのラグーと春野菜で…042
- 赤座エビとトマトのスパッカテッレ…044
- スパッカテッレ入りミネストラ…045
- コンキリエ エビとブロッコリーのソースで…050
- イワシとういきょうのオレキエッテ…051
- ムール貝を入れた農園風オレキエッテ…052
- オレキエッテのロザマリーナソース 白イカのグリル添え…054
- カヴァテッリ カルドンチェッリのソース…056
- 魚介類とフレッシュトマトのカヴァテッリ…058
- カヴァテッリ ウサギ肉のラグー…060
- オリーブとなすのカヴァテッリ…062
- グラノアルソのカバティエッリ イン パデッラ…064
- ストラッシナーティ…066
- ティンバッロ ディ マッケローニ…070

パスタ　ンカッシャータ…072
アネッリーニのアマトリチャーナ…074
カジキマグロとなすのカサレッチェ…080
フレーゴラ　アッレ　アルセッレ…085
ロリギッタス　仔羊の軽い煮込み　ペコリーノ・サルド
　がけ…086
カジキマグロとトマトのマロレディウス…088
ニョケッティ　ブルーベリー＆ピリ辛ペコリーノチーズ
　ソース…090
ストラッチ　イベリコ豚とポルチーニ茸のラグー…100
テスタローリ…104
ポルチーニ茸とホタテ貝のリゾーニ　トリュフ掛け…109
パリアータ　コン　リガトーニ…120
リガトーニ　牛テールとトリッパの煮込みソース…122
パスタ　エ　チェーチ…125
じゃが芋とチーズを詰めたメッツァルーナ　えんどう豆
　のソースと空豆…126
パッサテッリ　イン　ブロード　ディ　ペッシェ…130
小さなラザーニャ　牛スネ肉赤ワイン煮込み　パルミ
　ジャーノの黄金ソース…146
ラザニエッタ　フレッシュポルチーニソースで…148
そば粉のニョッキ　秋の野菜ソース　ロビオラ風…152
ピッツォッケリ　ヴァルテリーナ風…156
マッケロンチーニ　仔羊とイチヂクの軽いラグー…182
ガルガネッリ…190
甘鯛のラサ…192
マルタリアーティ　猪のラグー…194
白いんげん豆のスープ　マルタリアーティ添え…196
鱈のミルク煮で和えたマルタリアーテ　その白子を添えて
　白トリュフ風味…197
全粒粉のストロッツァプレティ　夏野菜ソース　アンチョビ
　風味…198
チーズ詰めポレンタ生地のラヴィオリ　トウモロコシバ
　ターソース…210
ブロッコリーと釜揚げシラスのジリ　カラスミがけ…213
コルツェティ　魚介類とカルチョーフィのフリット添え
　…216
コルツェッティの茸ラグーソースと川俣シャモ…218
トロフィエ　ペスト・ジェヴェベーゼ…222

● 詰め物パスタ

じゃが芋生地のラヴィオリ　ムール貝とフレッシュなヤギ
　のチーズのソース…026
かぼちゃを詰めたトルテッリ　ポルチーニ茸のトリフォ
　ラート添え…106
リコッタとほうれん草のラヴィオリ…128
和牛肉を詰めたラビオリ"プリン"トリュフのクリーム
　ソース…142
アニョロッティ・カナヴェザーニ…144
カネロニ…150
ラヴィオーロ　幻のチーズ カステルマーニョとヘーゼル
　ナッツで…154
カゾンセイ…158
そば粉のスペッツレ　カキと雪下あさつきのソース…160
ビーツを詰めたライ麦のボルセッリ　くるみバターソース
　…162
シュルツクラプフェン…164
ウリ坊のジランドラ…166
チャロンチェ…168
ストランゴラプレティ…169
カソンセイ…174
トルテッリ　スッラストラ…200
ホロホロ鳥のファゴッティーニ　燻製リコッタチーズの
　ソース…202
仔牛を詰めたトルテローネ　ゴルゴンゾーラソース…204
猪のトルテッリーニ　ごぼうのスープ…206
玉ねぎのスープに浮かべた　生ハムとマスカルポーネの
　ラビオローネ…208
肉を詰めたトルテローニ　サルビアバター…212
焼きなすとプロボローネのラヴィオリ　フレッシュトマトの
　アーリオオーリオソース…214
パンソッティ…220

● その他のパスタ

カネーデルリ　イン　ブロード…170
緑のカネーデルリ…171
ポルチーニのカネーデルリ…172
カネーデルリ　プレサーティ…173

索引 ●パスタの種類別

●乾麺

ネラーノ風ズッキーニのスパゲッティ…012

パッケリ ワタリガニとポルチーニのトマトソース…021

ワタリガニの煮込みのヴェスヴィオ…024

ルチャーナ風タコの煮込みのリングイネ…30

プローヴォラチーズ入りじゃが芋とパスタの煮込み…031

根魚と甲殻類とミックスパスタのミネストラ…032

ペンネのラルディアータソース…034

スパゲットーニ アンチョビとガルムのペペロンチーノ レモン風味…035

赤座エビとトマトのスパッカテッレ…044

スパッカテッレ入りミネストラ…045

コンキリエ エビとブロッコリーのソースで…050

ティンバッロ ディ マッケローニ…070

パスタ ンカッシャータ…072

パスタ アラ ノルマ…078

カジキマグロとなすのカサレッチェ…080

パスタ アラ シラクサーナ…082

スパゲティ アラ シラクサーナ イワシ仕立て…084

フレーゴラ アッレ アルセッレ…085

娼婦風ヴェルミチェッリ…092

ポルチーニ茸とホタテ貝のリゾーニ トリュフ掛け…109

ブカティーニ アッラ アマトリチャーナ…111

タリオリーニ アッラ チョチャーラ…118

パリアータ コン リガトーニ…120

ミスティカンツァのペーストとピゼリーニのスパゲッティ…124

パスタ エ チェーチ…125

モデナ風スパゲッティ…188

ブロッコリーと釜揚げシラスのジリ カラスミがけ…213

冷製トマトのカペッリーニ…224

●手打ち

ナポリ風謝肉祭のラザニア…014

シャラテッリ 魚介のソース…016

シャラッティエッリと鮎のジェノヴァペースト和え…018

アサリと野辺地蕪のシャラッティエッリ…020

潮の香りのパッケリ ジラソーレ風…022

じゃが芋生地のラヴィオリ ムール貝とフレッシュなヤギのチーズのソース…026

手打ちのフジッリ 仔羊とエンドウ豆の煮込み和え 卵とチーズ仕立て…028

チカテッリ 魚介のトマトソース…036

キタッラ アマトリチャーナソース マリーゴールドの香り…038

タリアッチ 野菜とサフランのラグー…040

タッコレ ウサギのラグーと春野菜で…042

トゥロッコリ サルシッチャとチーマディラーパで…046

ラガーネ…048

イワシとういきょうのオレキエッテ…051

ムール貝を入れた農園風オレキエッティ…052

オレキエッティのロザマリーナソース 白イカのグリル添え…054

カヴァテッリ カルドンチェッリのソース…056

魚介類とフレッシュトマトのカヴァテッリ…058

カヴァテッリ ウサギ肉のラグー…060

オリーブとなすのカヴァテッリ…062

グラノアルソのカバティエッリ イン パデッラ…064

ストラッシナーティ…066

ストロンカトゥーラ……068

アネッリーニのアマトリチャーナ…074

ロリギッタス 仔羊の軽い煮込み ペコリーノ・サルドがけ…086

カジキマグロとトマトのマロレディウス…088

ニョケッティ ブルーベリー＆ピリ辛ペコリーノチーズソース…090

パッパルデッレ 鴨のラグー…094

パッパルデッレ トリッパとひよこ豆のピリ辛トマト和え パッパルデッレの器で…096

ピチ ソーセージとクルミのソース…098

ストラッチ イベリコ豚とポルチーニ茸のラグー…100

そば粉のタリアテッレ ランプレドット和え…102

テスタローリ…104

かぼちゃを詰めたトルテッリ ポルチーニ茸のトリフォラート添え…106

スパゲッティ　カレッティエッリ…108

タリアテッレ　ボンゴレ　アンコーナ風…110

仔羊の白ワイン煮込み新生姜風味ソースのトンナレッリ　カルチョフィのユダヤ風添え…112

フェットチーネ　筍のカルボナーラ　木の芽の香り…115

フェトチーネと鮎のコンフィ　ケッカソース…116

リガトーニ　牛テールとトリッパの煮込みソース…122

じゃが芋とチーズを詰めたメッツァルーナ　えんどう豆のソースと空豆…126

リコッタとほうれん草のラヴィオリ…128

パッサテッリ　イン　ブロード　ディ　ペッシェ…130

ウンブリケッリ…132

ウンブリチェッリ　黒トリュフがけ…134

ティヤリン　熊本産無農薬レモンをからめて…136

ティヤリン　ウサギの白ワイン煮込みあえ　セロリの香り…138

タリアテッレ　ディ　メリガ　アル　スーゴ　ディ　ストラフリット…140

和牛肉を詰めたラビオリ"プリン"トリュフのクリームソース…142

アニョロッティ・カナヴェザーニ…144

小さなラザーニャ　牛スネ肉赤ワイン煮込み　パルミジャーノの黄金ソース…146

ラザニエッタ　フレッシュポルチーニソースで…148

カネロニ…150

そば粉のニョッキ　秋の野菜ソース　ロビオラ風…152

タリアテッレ　ミラノ風　黄金のソースで…153

ラヴィオーロ　幻のチーズ　カステルマーニョとヘーゼルナッツで…154

ピッツォッケリ　ヴァルテリーナ風…156

カゾンセイ…158

そば粉のスペッツレ　カキと雪下あさつきのソース…160

ビーツを詰めたライ麦のボルセッリ　くるみバターソース…162

シュルツクラプフェン…164

ウリ坊のジランドラ…166

チャロンチェ…168

ストランゴラプレティ…169

カネーデルリ　イン　ブロード…170

緑のカネーデルリ…171

ポルチーニのカネーデルリ…172

カネーデルリ　プレサーティ…173

カソンセイ…174

ビーゴリ　うずらとアーティチョークのラグー　黒オリーブ風味…176

ビゴリ　蝦夷鹿と丹波黒枝豆のバローロワイン煮込みあえ…178

イカ墨のタリオリーニ　生イカの細切りのせ…180

マッケロンチーニ　仔羊とイチヂクの軽いラグー…182

パリア　エ　フィエーノ…186

ガルガネッリ…190

甘鯛のラサ…192

マルタリアーティ　猪のラグー…194

白いんげん豆のスープ　マルタリアーティ添え…196

鱈のミルク煮で和えたマルタリアーテ　その白子を添えて　白トリュフ風味…197

全粒粉のストロッツァプレティ　夏野菜ソース　アンチョビ風味…198

トルテッリ　スッラストラ…200

ホロホロ鳥のファゴッティーニ　燻製リコッタチーズのソース…202

仔牛を詰めたトルテローネ　ゴルゴンゾーラソース…204

猪のトルテッリーニ　ごぼうのスープ…206

玉ねぎのスープに浮かべた　生ハムとマスカルポーネのラビオローネ…208

チーズ詰めポレンタ生地のラビオリ　トウモロコシバターソース…210

肉を詰めたトルテローネ　サルビアバター…212

焼きなすとプロボローネのラビオリ　フレッシュトマトのアーリオオーリオソース…214

コルツェティ　魚介類とカルチョーフィのフリット添え…216

コルツェッティの茸ラグーソースと川俣シャモ…218

パンソッティ…220

トロフィエ　ペスト・ジェヴェベーゼ…222

索引 ● 取材店別

『CUCINA Hirata』

- ティンバッロ ディ マッケローニ…070
- パスタ ンカッシャータ…072
- パスタ アラ シラクサーナ…082
- スパゲティ アラ シラクサーナ イワシ仕立て…084
- ブカティーニ アッラ アマトリチャーナ…111
- カネロニ…150
- パリア エ フィエーノ…186
- モデナ風スパゲッティ…188
- ガルガネッリ…190
- パンソッティ…220

『DA OLMO』

- そば粉のスペッツレ カキと雪下あさつきのソース…160
- シュルツクラプフェン…164
- ウリ坊のジランドラ…166
- チャロンチェ…168
- ストランゴラプレティ…169
- ポルチーニのカネーデルリ…172
- カネーデルリ プレサーティ…173
- カソンセイ…174
- 甘鯛のラサ…192
- トルテッリ スッラストラ…200

『La casa TOM Curiosa』

- スパゲットーニ アンチョビとガルムのペペロンチーノ レモン風味…035
- イワシとういきょうのオレキエッテ…051
- フェットチーネ 筍のカルボナーラ 木の芽の香り…115
- じゃが芋とチーズを詰めたメッツァルーナ えんどう豆のソースと空豆…126
- ビーゴリ うずらとアーティチョークのラグー 黒オリーブ風味…176
- イカ墨のタリオリーニ 生イカの細切りのせ…180
- マッケロンチーニ 仔羊とイチヂクの軽いラグー…182
- チーズ詰めポレンタ生地のラビオリ トウモロコシバターソース…210
- 焼きなすとプロボローネのラビオリ フレッシュトマトのアーリオオーリオソース…214
- 冷製トマトのカペッリーニ…224

『OSTERIA O'GIRASOLE』

- ネラーノ風ズッキーニのスパゲッティ…012
- ナポリ風謝肉祭のラザニア…014
- 潮の香りのパッケリ ジラソーレ風…022
- ワタリガニの煮込みのヴェスヴィオ…024
- じゃが芋生地のラヴィオリ ムール貝とフレッシュなヤギのチーズのソース…026
- 手打ちのフジッリ 仔羊とエンドウ豆の煮込み和え 卵とチーズ仕立て…028
- ルチャーナ風タコの煮込みのリングイネ…30
- プローヴォラチーズ入りじゃが芋とパスタの煮込み…031
- 根魚と甲殻類とミックスパスタのミネストラ…032
- ペンネのラルディアータソース…034

『PRESENTE Sugi』

- パッケリ ワタリガニとポルチーニのトマトソース…021
- キタッラ アマトリチャーナソース マリーゴールドの香り…038
- ラガーネ…048
- ストラッシナーティ…066
- ストロンカトゥーラ……068
- パスタ ア ラ ノルマ…078
- ウンブリケッリ…132
- 猪のトルテッリーニ ごぼうのスープ…206

『RISTORANTE Ca'del Viale』

- ニョケッティ ブルーベリー&ピリ辛ペコリーノチーズソース…090
- パッパルデッレ トリッパとひよこ豆のピリ辛トマト和え パッパルデッレの器で…096
- ティヤリン 熊本産無農薬レモンをからめて…136
- ティヤリン ウサギの白ワイン煮込みあえ セロリの香り…138
- ラザニエッタ フレッシュポルチーニソースで…148
- タリアテッレ ミラノ風 黄金のソースで…153
- ラヴィオーロ 幻のチーズ カステルマーニョとヘーゼルナッツで…154
- 緑のカネーデルリ…171
- ビゴリ 蝦夷鹿と丹波黒枝豆のバローロワイン煮込みあえ…178
- 鱈のミルク煮で和えたマルタリアーテ その白子を添えて 白トリュフ風味…197

『RISTORANTE ITALIANO SOGNI di SOGNI』

- タリオリーニ アッラ チョチャーラ…118
- パリアータ コン リガトーニ…120

パスタ エ チェーチ…125
リコッタとほうれん草のラヴィオリ…128

『RISTORANTE La tana di Bacco』

シャラッティエッリと鮎のジェノヴァペースト和え…018
アサリと野辺地蕪のシャラッティエッリ…020
赤座エビとトマトのスパッカテッレ…044
スパッカテッレ入りミネストラ…045
魚介類とフレッシュトマトのカヴァテッリ…058
カヴァテッリ ウサギ肉のラグー…060
アネッリーニのアマトリチャーナ…074
ロリギッタス 仔羊の軽い煮込み ペコリーノ・サルドがけ…086
娼婦風ヴェルミチェッリ…092
ストラッチ イベリコ豚とポルチーニ茸のラグー…100
ポルチーニ茸とホタテ貝のリゾーニ トリュフ掛け…109
カゾンセイ…158
ブロッコリーと釜揚げシラスのジリ カラスミがけ…213

『Sento Bene』

オレキエッティのロザマリーナソース 白イカのグリル添え…054
グラノアルソのカバティエッリ イン パデッラ…064
仔羊の白ワイン煮込み新生姜風味ソースのトンナレッリ カルチョフィのユダヤ風添え…112
フェトチーネと鮎のコンフィ ケッカソース…116
リガトーニ 牛テールとトリッパの煮込みソース…122
ミスティカンツァのペーストとピゼリーニのスパゲッティ…124
そば粉のニョッキ 秋の野菜ソース ロビオラ風…152
全粒粉のストロッツァプレティ 夏野菜ソース アンチョビ風味…198
仔牛を詰めたトルテローネ ゴルゴンゾーラソース…204
コルツェッティの茸ラグーソースと川俣シャモ…218

『Taverna I 本店』

チカテッリ 魚介のトマトソース…036
ムール貝を入れた農園風オレキエッティ…052
オリーブとなすのカヴァテッリ…062
カジキマグロとトマトのマロレディウス…088
ピチ ソーセージとクルミのソース…098
そば粉のタリアテッレ ランプレドット和え…102
テスタローリ…104

ビーツを詰めたライ麦のボルセッリ くるみバターソース…162
カネーデルリ イン ブロード…170
ホロホロ鳥のファゴッティーニ 燻製リコッタチーズのソース…202

『Taverna I 不動前店』

かぼちゃを詰めたトルテッリ ポルチーニ茸のトリフォラート添え…106
和牛肉を詰めたラビオリ"プリン"トリュフのクリームソース…142
小さなラザーニャ 牛スネ肉赤ワイン煮込み パルミジャーノの黄金ソース…146
白いんげん豆のスープ マルタリアーティ添え…196
玉ねぎのスープに浮かべた 生ハムとマスカルポーネのラビオローネ…208
肉を詰めたトルテローニ サルビアバター…212

『Trattoria Azzurri』

タリアッチ 野菜とサフランのラグー…040
タッコレ ウサギのラグーと春野菜で…042
トゥロッコリ サルシッチャとチーマディラーパで…046
コンキリエ エビとブロッコリーのソースで…050
フレーゴラ アッレ アルセッレ…085
コルツェティ 魚介類とカルチョーフィのフリット添え…216
トロフィエ ペスト・ジェヴェベーゼ…222

『Trattoria Tomatica』

タリアテッレ ディ メリガ アル スーゴ ディ ストラフリット…140
アニョロッティ・カナヴェザーニ…144

『Vino Hirata』

シャラテッリ 魚介のソース…016
カヴァテッリ カルドンチェッリのソース…056
カジキマグロとなすのカサレッチェ…080
パッパルデッレ 鴨のラグー…094
スパゲッティ カレッティエッリ…108
タリアテッレ ボンゴレ アンコーナ風…110
パッサテッリ イン ブロード ディ ペッシェ…130
ウンブリチェッリ 黒トリュフがけ…134
ピッツォッケリ ヴァルテリーナ風…156
マルタリアーティ 猪のラグー…194

取　材：西　倫世、久保田恵美、蜷川実花
撮　影：後藤弘行（本誌）、佐々木雅久、川井裕一郎、野辺竜馬、徳山喜行、木下清隆
デザイン：1108GRAPHICS

イタリア全土のパスタ 120 品

パスタ大全

発行日　平成 29 年 1 月 27 日初版発行

著　者　旭屋出版 編集部
発行者　早嶋　茂
制作者　永瀬　正人
発行所　株式会社旭屋出版
　　　　〒107-0052　東京都港区赤坂 1-7-19　キャピタル赤坂ビル 8 階
　　　　郵便振替　00150-1-19572

　　　　販売部　TEL 03（3560）9065　　FAX 03（3560）9071
　　　　編集部　TEL 03（3560）9066　　FAX 03（3560）9073

旭屋出版ホームページ　http://www.asahiya-jp.com

印刷・製本　㈱シナノ　パブリッシング　プレス

※許可なく転載、複写ならびに web 上での使用を禁じます。
※落丁、乱丁本はお取替えします。
※定価はカバーにあります。

Ⓒ Asahiya Shuppan, 2017
　　ISBN978-4-7511-1258-8　C2077
　　Printed in Japan